第3回 絵解きフェスティバルin善光寺大本願

絵解き台本集

刊行のことば

善光寺大本願明照殿にて開催の第三回絵解きフェスティバルの絵解き口演台本集をお届けする。諸般の事情によりプログラムすべての台本を掲載することは出来なかったが、日野多慶子さんの「枕石山願法寺略縁起絵伝」をはじめとして、多種多様な絵解き台本を一書に取り纏めることができた。本書刊行の主旨に賛同の意を示され、貴重な口演台本の原稿をお寄せいただいた各位にお礼申しあげる。

今回で三回を数える絵解きフェスティバルの歴史は、平成九（一九九七）年に遡る。絵解き研究会主催、真宗大谷派三河別院共催の「第一回絵解きフェスティバルin岡崎」は、七月二十五日、二十六日の両日、真宗大谷派三河別院ほか、三施設を会場として開催された。そして、その三年後の平成十二（二〇〇〇）年四月十五日、善光寺門前の北野文芸座を会場として「第二回絵解きフェスティバルin長野」が開催された。その経緯と上演された演目等については『語り紡ぐ　絵解きのふるさと・信濃（台本集）』（笠間書院、二〇〇〇・三）に書き記されているので詳述しないが、今回のフェスティバルは前回の長野開催からじつに十四年の歳月を経ている。奇しくも善光寺ご開帳の前年に善光寺大本願明照殿というすばらしい施設を会場として開催できることは、運営に携わった一人として喜びに堪えない。

本書には、明治大学教授・林雅彦氏の『「絵解き」の世界』を巻頭論文として掲載している。林氏は、『絵解きの東漸』『絵解き万華鏡』（いずれも、笠間書院刊）等のご著書によって、絵解き研究の第一線を邁進して来られた。絵解き研究会代表も長くお務めになり、絵解き研究の進展に多大な貢献をされて来られた。それのみならず、近代化の日本において風前の灯火と化しつつあった絵解き口演の継承、普及にも尽力して来られた。絵解き研究、そして、説話文学、アジアの宗教民俗学の研究と、絵解き口演の継承、普及活動とは、林氏にあっては車の両輪のごとく見受けられる。林氏は、本年四月に古稀の祝いをお迎えになられた。本フェスティバルの開催には、絵解き研究と絵解き口演の普及に関わって数多くのご業績を残された林氏を顕彰する意がこめられている。林氏の古稀の長寿を言祝ぐとともに、益々のご活躍を祈念申しあげる。

本書には、掲載の台本にたいする解説を添えてある。岡澤恭子氏の「釈迦涅槃図」については、長谷寺住職の岡澤慶澄氏に執筆いただいた。そのほかについては、早稲田大学教授の吉原浩人氏にお願いした。調査研究にご多忙の中、行き届いた解説を加えていただいたことは、本書にとって貴重である。思想的基盤なり、その背景を理解することは、絵解き口演の更なる魅力を感得することにつながるだろう。

絵解きフェスティバルの開催、ならびに本書の刊行に際しては、多くの方々から御芳情を賜った。ここに記して、深く感謝申しあげる。本台本集が、向後の絵解き文化の発展に些かなりとも寄与するものとなれば、幸甚である。

平成二十六年七月

第3回絵解きフェスティバルin善光寺大本願

事務局 **中西満義**

「絵解き」の世界

明治大学教授　林　雅彦

一

かつて洋の東西において、それぞれ「絵解き」と称される芸能・文芸が盛んだった時代があった。わが国もその例外ではなかったが、現在では、一部を除いては風前のともしびと化してしまった。否、絵解きあるいはその類語でさえ死語となりつつあると言っても、過言ではあるまい。

さて、宗教的カテゴリー（範疇）を有するストーリー（物語性・説話性）豊かな絵画―美術史で言うところの「説話画」、あるいは説話的絵画の内容や思想を、折々の視聴する老若男女の比率によって当意即妙に解き語る（解説・説明する）行為を、「絵解き」と称する。その絵画を口演する者(解説者・説明者）自体をも、時に「絵解き」と呼ぶことがある。

このように、元来説教・唱導を目的とする、絵画を用いた宗教的な文芸・芸能だったのである。

かかる視聴覚に訴える仏教的な内容の絵解きは、夙くにインドの地で起こり、中央アジアから中国へとシルクロードを東漸、さらに朝鮮半島を経て、わが日本に伝来し、独自の展開を繰り広げて行ったのである。

ヨーロッパの絵解きも、主としてキリスト教文化圏において育まれ流伝してきたが、それらの詳細に関しては、原聖・西岡亜紀両氏の研究に譲ることとする。

※

説話画と語り（解説・説明）とを不可欠の条件として成り立つ絵解きではあるが、絵解き個々の例に則って検証してみるならば、説話画と語りとの比重の掛け方は、想像以上に多様であり、ひとつの絵解きにおいてさえ両者の比重の掛け方は、絵解きを行うたびごとに微妙に揺れ動いている、というのが実態である。

従って、冒頭で述べた概念規定をさらに厳密に規定するならば、「絵解き」は多少なりとも物語性・説話性のある、信仰に関わった説話画の絵相を解説・説明する芸能乃至は文芸であるが、時間・場所・機会・視聴者の構成、口演者の力量等々に応じて、絵相や台本にはない、解説・説明が加えられることも屡《しばしば》見られるのである。筆者が絵解きを一回性の芸能・文芸と規定する所以《ゆえん》が、ここにある。絵画による表現と、言語による表現とに加えて、時に屏風歌・今様法文歌、あるいは伽陀のような和歌・歌謡などの朗詠、即ち音楽的表現との接点をも持ち合わせ得るものである。

二

現存資料によると、わが国における古代の絵解きは、高僧自らが皇室の人々や貴紳たちといったごく限られた上層階級を対象に、寺院堂塔内の壁画・障屏画を用いて絵解きしていた。現在最古の文献たる慶延の『醍醐雑事記』に引く『李部王記《りほうおうき》』承平元年（九三一）九月三十日条には、

又共過二貞観寺一。入二正堂一礼レ仏。次礼二金剛界堂一。次礼二胎蔵界堂一。次登レ楼見レ鏡及礼二塔下仏一。次礼二良房太政大臣堂仏一。観二楹絵八相一。寺座主説二其意一。中務卿親王以二綿二連一修二諷誦一。余又以二銭二千一同修。

と記されている。『李部王記』の筆者である重明親王は、中務卿親王とともに藤原良房が建立した嵯峨野の貞観寺（現在では廃寺）に参詣し、良房太政大臣堂の楹《はしら》に描かれた「釈迦八相図」を貞観寺座主から「説二其意一」、即ち絵解きを視聴した、というのである。

少々時代は下るが、藤原道長の建立した法成寺金堂の扉には、「釈迦仏の摩耶の右脇より生まれさせ給」う場面から、「沙羅双樹の涅槃の夕《ゆうべ》まで」の八相成道—「釈迦八相図」が描かれていたという。おそらくこの図も絵解きされたであろう。

件の「釈迦八相図」は、夙くガンダーラの彫刻や敦煌の壁画をはじめ、東アジア・東南アジアの各地に多くの作品を残しつつ、わが国まで流伝してきたのであった。

鎌倉時代に至ると、様相は一変した。仏教各宗派の、特に鎌倉新仏教による教化宣揚の対象が、武士階級や庶民層にまで拡大されたことに伴って、絵解きの対象も武士や庶民に及んだのである。説き語る側も、「絵解き法師」と蔑称される下賤な専従僧や、格好だけは僧体の散所生活者が、寺院の内外において絵解きするようになった。

このように、視聴者及び口演者双方の変容は、絵解きの大衆化・芸能化現象に弾みをもたらした。法然上人の登場で、顕密諸宗における説教・唱導の方法が大きく様変わりをして、貴族仏教から庶民仏教へと急速に変貌を遂げていったのである。法然上人自身「摂取不捨曼荼羅」（絵相は不詳）を用いて教化に携ったと伝えられている。

こうして、鎌倉時代を迎えると、絵解きの種類も多様化し、前代からの「涅槃図」「聖徳太子絵伝」に加えて、主として浄土宗各派では「当麻曼陀羅」と「法然上人絵伝」と

を、浄土真宗にあっては「本願寺聖人親鸞伝絵」を、それぞれ絵解きしたのである。また、宗派を超えて三国伝来の一光三尊仏について説く「善光寺如来絵伝」などの絵解きが盛行した。形態も、絵巻と掛幅絵とが同時に伝えられた例も見られる。

さらに室町時代末頃から、熊野信仰の教宣活動に携わる熊野比丘尼と呼ばれる女性布教家が現れ、全国各地で女子供に所謂「地獄絵」（「熊野観心十界曼荼羅」）や「那智参詣曼荼羅」「熊野本地物語絵巻」を絵解きするようになった。江戸時代の文献資料及び絵画資料を繙くと、その絵解きの光景が多々見られるのである。

ところが、明治初期の廃仏毀釈《きしゃく》を機に、仏教的内容の絵解きの多くは排斥され、一部がかろうじて今日までその命脈を保ってきたのだった。

加えて、戦後は映画の興隆や、それに続く「電気紙芝居」とも呼ばれたテレビジョンの出現と普及とによって、絵解きは衰退の一途を辿ることとなったのである。

しかし、近年は絵解きの果たす役割（対話型コミュニケーション）が再評価を得て、復活を図る寺院や団体も見られることは、大変喜ばしい現象である。

三

かつて庵逧巖氏は、「説話と絵解」という論文の中でわが国の絵解きを五つに分類され、その後筆者が庵逧氏の説を補強して六種に分けてみた。暫くして渡辺昭五氏が仏教的要素の有無で分類を試みられたこともあるが、今日では筆者の分け方が概ね通説となっている。

そこで本稿では、絵解き台本や絵解きに関わる図版を時に提示しつつ、あらためて絵解きに用いられた説話画の種々相について考えてみたい。

(1) 経典類や教理に基づく説話画

ここに属する説話画の例をあげるならば、「法華経変（法華経曼荼羅）」「観経曼陀羅（当麻曼陀羅）」「地獄極楽図」（地獄変相図・熊野観心十界曼荼羅・熊野の絵）」「六道絵」「往生要集地獄御絵伝」「五趣生死輪図（六道輪廻図）」「十王図」「二河白道図」など、夙くにインド・中国において存在したものや、わが国で独自に展開した図などが知られている。

絵解きの一例を左に掲げる。平経高の日記『平戸記《へいこき》』寛元三年（一二四五）正月二十六日条によると、亡弟十三回忌に善慧房証空の弟子道観証慧を招いて、午後四時頃から灯《ひ》ともし頃まで、

今日於二兼頼宿禰堂一修二亡弟遠忌一、当十三年、（中略）以二道観上人一啓白、其次令レ解二当麻曼陀羅一、解二曼陀羅一之間、已及二秉燭一了

の如く、「当麻曼陀羅」の絵解きを受けたという。因みに、

道観には、著述年月日を弘長二年（一二六二）十月二十日と明記した『曼陀羅縁起』一巻が伝わっている。

「当麻曼陀羅」（**図1・図2**）は、浄土三部経のひとつ『観無量寿経』の内容を絵画化したもので、わが国の大和・当

図1「当麻曼陀羅」（百分の一図、架蔵）

図2
絵解きの順序

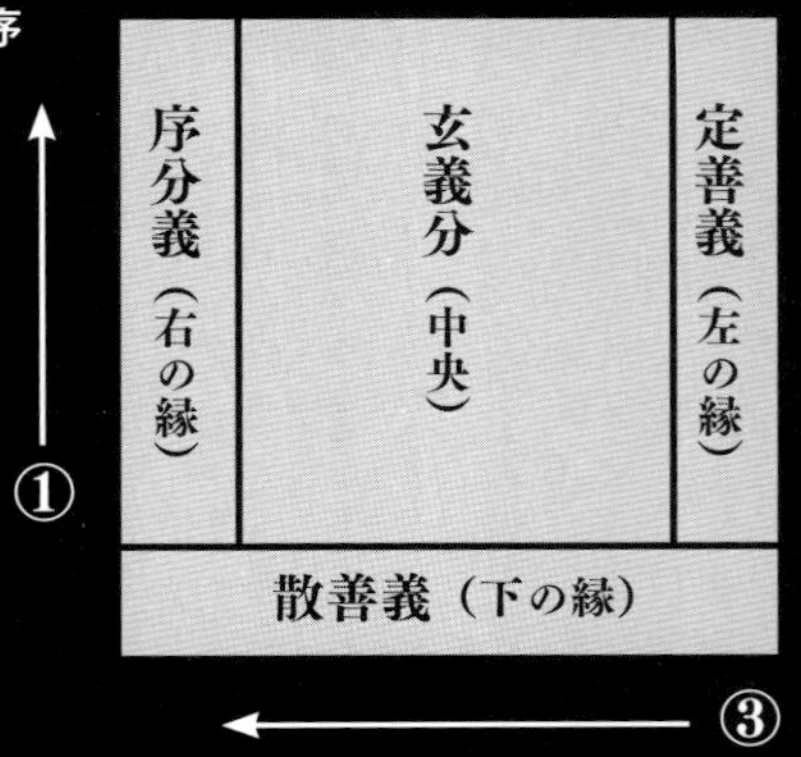

麻寺に伝来したことから、その名が由来する。この「曼陀羅絵解き」は、「曼陀羅講説《こうせつ》」「曼陀羅讃歎《さんだん》」とも呼称されている。

また、『花園天皇宸記《しんき》』元亨元年（一三二一）九月二十一日条にも、

中刻許本道聖人参、説二浄土曼荼羅一一時余演説

とあり、二時間余り「演説」、即ち絵解きをしたと記されている。

因みに、法然上人の十大弟子のひとりで、西山浄土宗開祖・善慧房証空が、わが国では最初に「当麻曼陀羅」を絵解きした、と伝えられている。遡って中国は唐代、浄土八祖のひとり、善導大師著『観経曼陀羅疏』を「観経曼陀羅」絵解きの一種の台本とする説も存在するのである。この分野の研究としては、関山和夫氏の秀れた著作が存する。

図３　備中下笠賀村の熊野比丘尼が所持した「熊野観心十界曼荼羅」

図４　艸田斎『籠耳』

「熊野観心十界曼荼羅」（**図3**）については、筆者や根井浄・山本殖生・小栗栖健治の諸氏らによって、多数の現存図や関連する文献が発掘・紹介されている。例えば、艸田斎『籠耳』の挿図（**図4**）には、熊野比丘尼が室内で若い男女に絵解きしている光景が掲載されている。

また、山東京伝の『四季交加《しきのゆきかい》』（**図5**）には、七月盆に路傍で商家の妻君とその店《たな》の小僧と思しき二人を前に、掛幅絵仕立ての「地獄絵」を示しながら、鈴を鳴らして絵解きしている場面が描かれている。空中には精霊蜻蛉《とんぼ》が飛び交い、左側には盆燈籠を売る男の姿が描写されている。

滋賀県大津市・聖衆来迎寺には、「六道絵」（**図6**）十五幅があり、江戸末期及び明治期の絵解き台本が現存する。

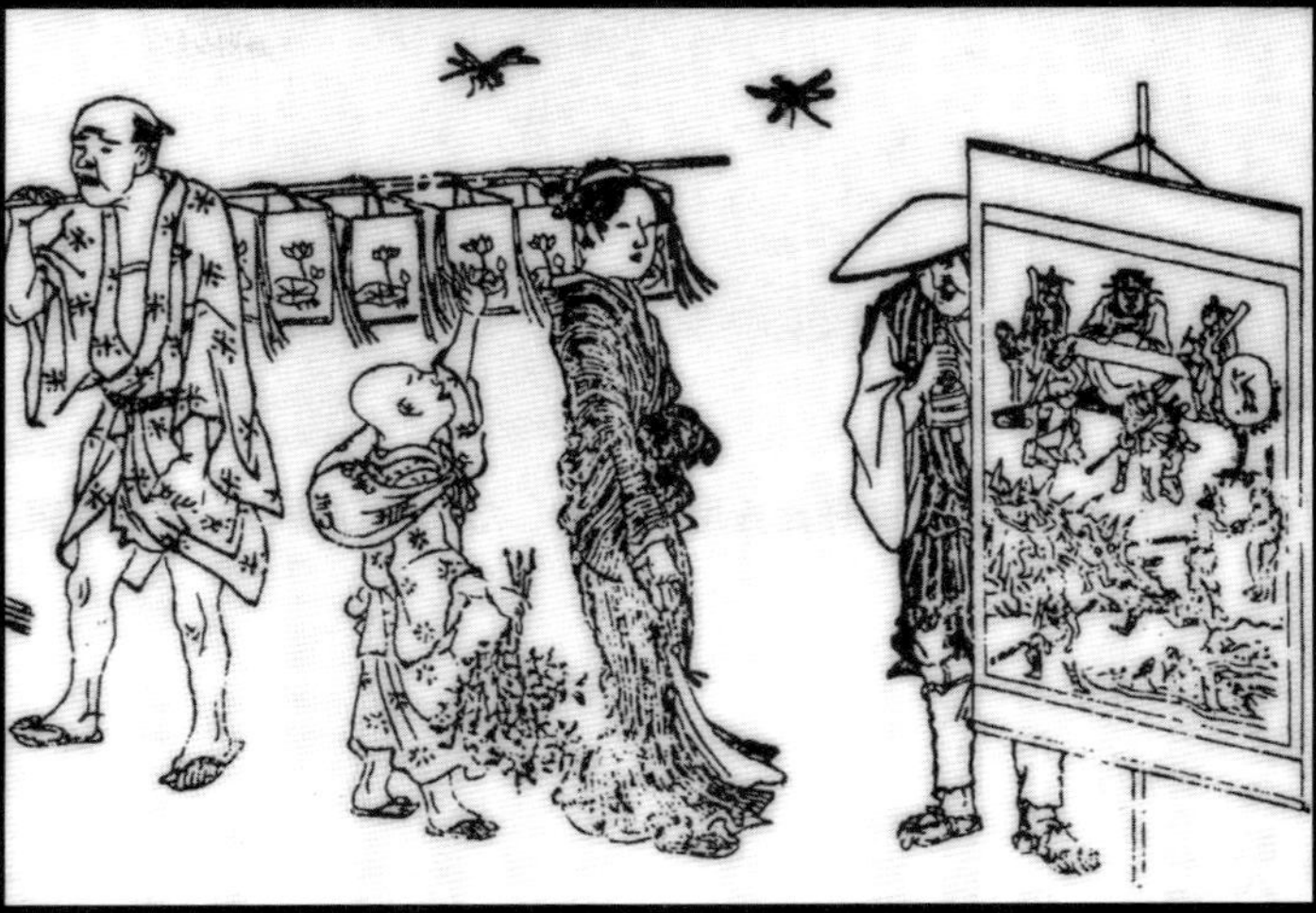

図5　山東京伝の『四季交加』

図6　聖衆来迎図「六道絵」所収の閻魔王庁図

(2) 釈迦（仏陀・釈尊）の伝記を描いた説話画

「仏伝図」をはじめ、「釈迦一代記図絵」「釈迦八相図」「釈迦涅槃図」「八相涅槃図」など、さまざまな呼称が存在することは、右の画題にその一面が伺える。

鎌倉時代以降、特定の宗派に限らず伝えられ、絵解きもなされてきた。わが国にあっては、「釈迦涅槃図」（**図7・図8**）が圧倒的に多数を占めているが、韓国では管見の限り「釈迦八相図」が多い。

例えば、石川県珠洲市・千光寺では、**図9**の如き形で絵解きしている。また、新潟県・大岩寺では、毎年三月十五日、月遅れの涅槃会に、「前八相図」「後八相図」と称する計十六幅から成る「釈迦八相図」と、「涅槃図」一幅とを同時に掲げて絵解きしている。その際、「涅槃会だんごまき」と称して、だんごを参拝者に配っていて、甚だ興味深い。

ところで、わが国における「釈迦八相図」は、鎌倉時代の作が多いが、明恵の涅槃・遺跡・舎利を扱った「四座講式」が成立したのも、鎌倉前期の建保三年（一二一五）であった。明恵が催した高山寺での涅槃会は、午《うま》の刻から翌日丑《うし》の刻までのおよそ二十時間に及ぶ法式であって、群衆の身の安全のために途中で打ち切られたという。『涅槃講式』は、「涅槃図」と関わるものであるが、後年は「涅槃講」「おねはん会」などと呼ばれる年中行事となって広まり、絵解きを含めた行事が全国各地で今日に至るまで続いている。

京都市・東福寺の画僧・兆殿司《ちょうでんす》（吉山明兆《きっさんみんちょう》）が、応永十五年（一四〇八）東福寺涅槃会の本尊として描いた「大涅槃図」（重文、十五メートル×八メートル）は、現在でも毎年三月十四日から十六日までの三日間、須弥壇中央に掲げられ、その前で『遺教経』を読誦、釈尊入滅の悲しみと永遠の悟りを祝す。乞われれば、ごく簡単な絵解きもしてくれる。

なお、〝変わり涅槃図〟として、江戸時代以降「業平涅槃図」「芭蕉涅槃図」「日蓮聖人涅槃図」「野菜涅槃図」「玩具《おもちゃ》涅槃図」などが知られるが、代々の市川団十郎をはじめ歌舞伎役者の〝死絵《しにえ》〟としてもこの形が登場する。これらは〝おどけ涅槃図〟とも称されている。

(3) わが国の祖師・高僧の伝記を描いた説話画

日本仏教の祖と仰がれる「聖徳太子絵伝」をはじめ、「弘法大師絵伝」「後深草帝御寄進開山上人一生絵」、鎌倉新仏教開祖の「法然上人絵伝」「親鸞聖人伝絵」「一遍上人絵伝」「日蓮聖人絵伝」「道元禅師絵伝」、さらに浄土真宗にあっては「蓮如上人絵伝」などがある。

九条道家『玉蘂《ぎょくずい》』承久三年（一二二一）条の記述によれば、

次参二広隆寺一、以二御堂巽角一為レ局、豫謁二別当宮一、僧都儲二鋪畳一、先奉二灯明一、(中略)次参二太子堂一、(中略)

図８　「大涅槃図」（京都市・泉涌寺）

図7　木版「涅槃図」（鈴鹿市・龍光寺）

図9　石川県珠洲市・千光寺の「釈迦涅槃図」絵解き

召二出法師一人一、令レ説二太子御伝一、奉レ図二後壁一故也

の如く、広隆寺の一法師に太子堂の後壁に描かれた「聖徳太子絵伝」を絵解きさせた、と伝えている。遡って、『建久御巡礼記』「法隆寺」条によると、

当麻寺織仏可二拝給一、日既可レ暮、絵殿不二説御坐一、龍田河上渡オハシマシテ云々

とある。即ち、建久二年（一一九一）暮、鳥羽上皇の皇女と思われる高貴な女性が、南都の大寺を巡礼した折の様子を、随行した興福寺の僧実叡が書き留めた巡礼記である。件の女性は、当麻寺の「当麻曼陀羅」を何としてでも拝もうと（絵解きも聴聞したかった?）、法隆寺絵殿での「聖徳太子絵伝」絵解きを聞かず、ただちに当麻寺へ向かった、という。極楽浄土を描いた大画面の「当麻曼陀羅」を拝することが、女人にとって南都巡礼の大事な目的だった、と知られるのである。

百年後の正応三年（一二九〇）、かつて後深草院の女房であった二条もまた、「法隆寺より当麻寺へ参りたれば」と『とはずがたり』中で書いており、同じコースを辿っている。多分「聖徳太子絵伝」の絵解きを聴聞した後、当麻寺で『観無量寿経』の所説に中将姫伝承を織り込んだ「曼陀羅講説」を視聴しただろうと想像される。

ところで、富山県南砺《なんと》市の瑞泉寺では、毎年七月二十日から二十八日までの虫干会を「太子伝会」と称して、「聖徳太子絵伝」八幅（**図10**）を列座役の僧たちが絵解きしている。また、二百十日にあたる九月一日の他、農閑期の「御巡回」と呼ばれる出開帳に類する席でも絵解きが行われる。

法然上人や親鸞聖人の絵伝は、祖師・高僧絵伝中でも数多く作られ、しかも巻子本（絵巻）と掛幅絵とが併行して伝わっている。

「法然上人絵伝」の絵解きについては、善導寺「伝法絵」巻二の「識語」に、

此絵披見之人、奉レ礼二三尊之像一、其詞説明輩、読二誦大経之文一、願二身口意之行一、念二阿弥陀之名一、往生極楽之志無レ弐、勿レ疑レ之也云々

とある。即ち、法然上人入寂後二十五年の嘉禎三年（一二三七）成立した躭空《たんくう》著述の本書は、福岡県・善導寺に蔵されている。「法然上人絵伝」として嚆矢《こうし》の本書の識語は、この「絵伝」が絵解きに用いられるために作成されたことを物語っているのである。

岐阜県八百津・善恵寺の故今井祐成師は、戦前、名古屋で二十枚から成る額装（押絵）の「法然上人絵伝」（**図11**）を二、三枚自転車の荷台に付けて絵解きして廻っていたという。

次に、「親鸞聖人伝絵」の絵解きに関しては、その三十三回忌の翌永仁三年（一二九五）、曾孫に当る本願寺三世覚如上人が知恩報徳のために、上下二巻の「善信上人絵」を作ったと、覚如上人の次男・従覚上人作「慕帰絵（覚如上人絵伝）」（**図12**）は、伝えている。当該場面を眺めると、覚如

図 11　今井祐成師の絵解き
（岐阜県・善恵寺）

図 10　「聖徳太子絵伝」の絵解きをする吉沢孝誉師
（富山県南砺市・瑞泉寺）

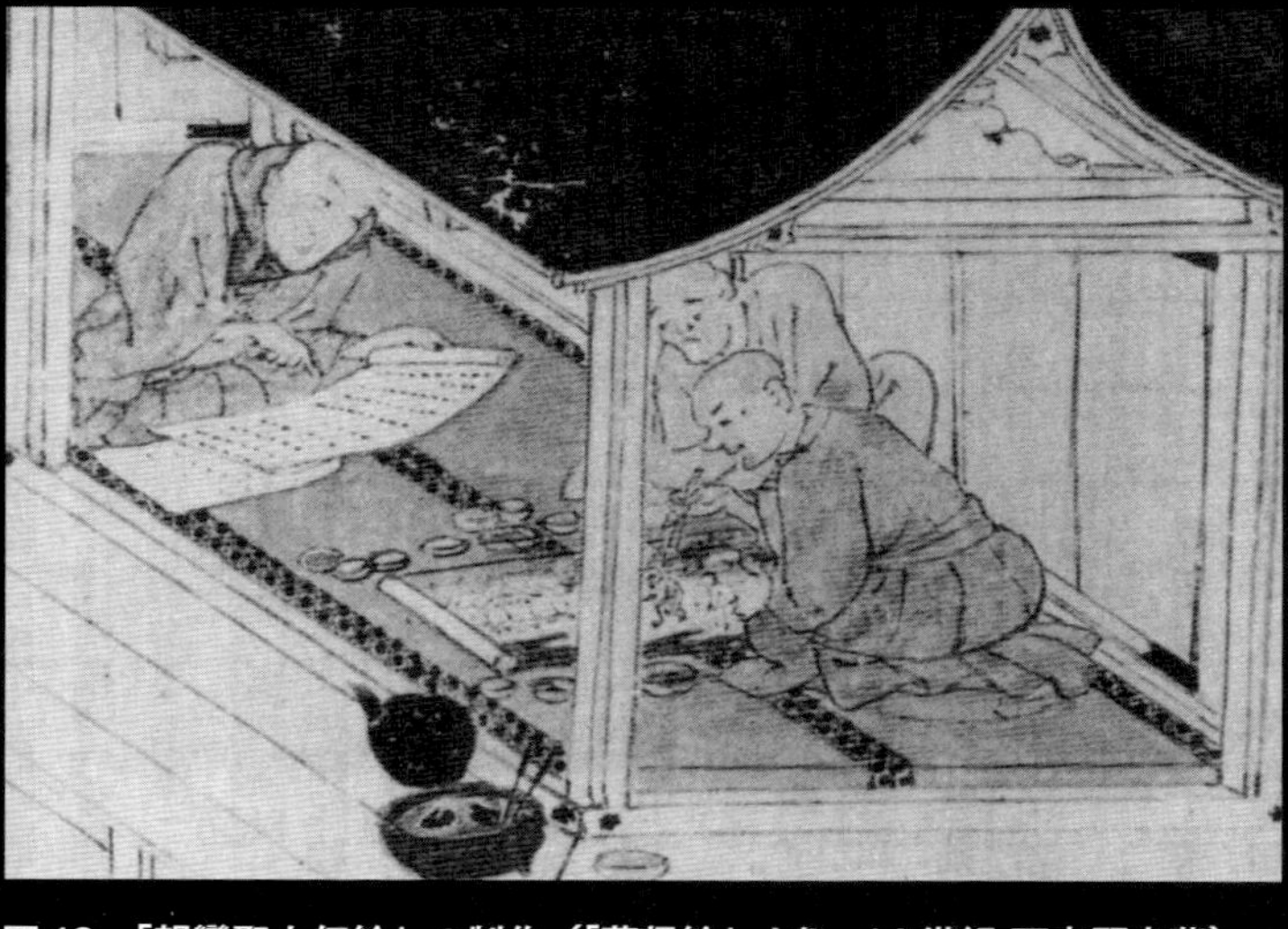

図 12　「親鸞聖人伝絵」の制作（「慕帰絵」より、14 世紀 西本願寺蔵）

上人自らが選述した詞書を手にしつつ、絵師・康楽寺浄賀に上下二巻の絵巻を描かせている。絵巻制作の過程を示す貴重な資料のひとつでもある。以後、親鸞聖人の絵伝は、真宗門徒の間で広く賞翫され、流布することとなったのである。

江戸時代、浄慧『真宗故実伝来鈔』（明和二年〈一七六五〉跋）は、

伝ト絵ト別タマフ事ハ存覚上人ノ時也、二巻ノ絵相ヲ一幅ニ画シ、下ヲ前トシ、上ヲウシロトシテ下ヨリ上ヘカヽセラル後ニ巻ヲ又一幅ニシ、伝文二巻トシ、画ニ合シテ第一段第二段ノ標目ヲ定給フ、上八段下七段コレヨリ以来、拝二見絵相一聴二聞伝文一

と記している。つまり、覚如上人の長男・存覚上人の時代に、「善信上人絵」を詞書だけの『御伝鈔（御伝文）』と掛幅絵の「御絵伝」（**図13**）とに分け、後に〝御伝鈔拝読〟と呼ばれる絵解きを始めた、と述べているのである。

遡って、八世蓮如上人の言行記録『空善日記』明応五年（一四九六）条には、

十一月報恩講の廿五日に御開山の御伝を聖人の御まへにて上様あそばれて、いろ〳〵御讃嘆、なか〳〵ありがたさ無二申計一候

とあり、これこそ御伝鈔拝読史上、貴重な初出文献として知られている。

高力種信（猿猴庵）の『龍口寺霊宝開帳記』を繙《ひもと》くと、文政九年（一八二六）神奈川県藤沢・龍口寺の御開帳の場に「日蓮聖人龍の口御難の絵相」と呼ばれる二幅（**図14**）が掛けられ、右側の絵の前に裃《かみしも》姿の男が楚《しもと》で絵を示しながら絵解きしている。その頭注には、

図13　「親鸞聖人伝絵」（第1幅２図左）

図14　「日蓮聖人龍の口御難の絵相」の絵解き（『龍口寺霊宝開帳記』西尾市立図書館岩瀬文庫蔵 ）

図15　「善光寺如来絵伝」の絵解き
（双蓮山善光寺 林旭山師）

図16　絵解き説教の予告ポスター

是《これ》より霊宝場《れいほうば》のていなり、其絵解《そのえどき》の詞《ことば》を採《とり》てあらましの縁起《えんぎ》を知らしむ。但《ただ》し長文《ちゃうぶん》なるは略《りゃく》して其要《そのよう》を演《の》ぶ、

（下略）

のように記され、実際の絵解きは「これにかゝれ玉ふは……なり」というふうな口調だったことを簡略に述べている。

(4) 寺社の縁起・由来・霊験・案内を描いた説話画

「立山曼荼羅」「白山曼荼羅」「富士参詣曼荼羅」「多賀社参詣曼荼羅」「清水寺参詣曼荼羅」「誓願寺縁起絵」「那智参詣曼荼羅」「紀三井寺参詣曼荼羅」「粉河寺参詣曼荼羅」「有馬温泉寺縁起絵」「志度寺縁起」「玉垂宮縁起絵」「善光寺如来絵伝」「矢田地蔵縁起絵」など、主だったものを列記しておく。内容を六種に分類したが、最も内容が多種にわたっているのが、この(4)に属する説話画である。

この領域では、徳田和夫・吉原浩人・久野俊彦氏らの研究成果が注目される。

室町時代以降になると、西国三十三観音霊場の巡礼や、四国八十八観音霊場のお遍路など、寺社への参詣がブームとなり、それに伴って各種参詣曼荼羅が盛んに作成されるようになった。因みに、西国の地、紀州に参詣曼荼羅制作の工

図 17　来迎寺本「立山曼荼羅」四幅（富山市・来迎寺）

図 19　大徳寺の絵解き（佐伯スズエ師・大徳寺）

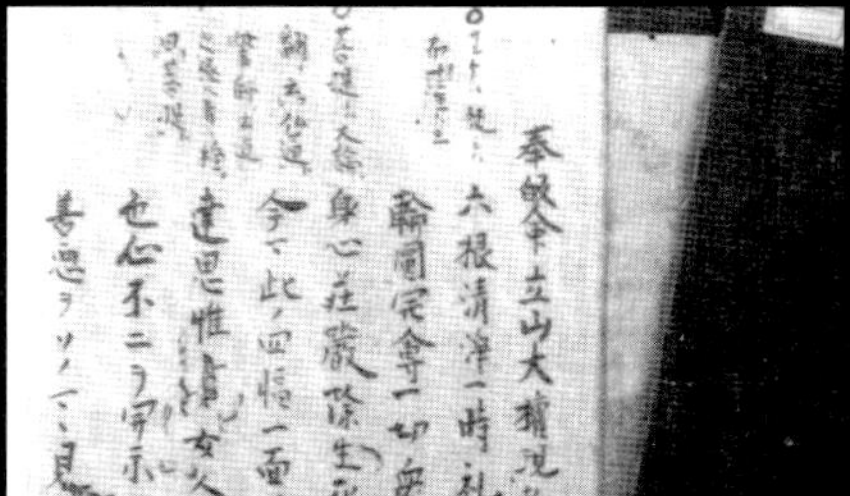

図 18　「立山手引草」
（富山県立山町・旧延命院蔵）

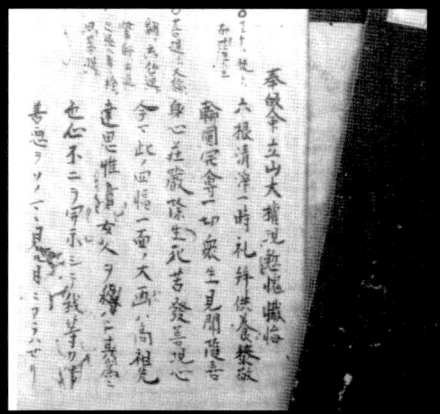

房を想定する説もある。

近代に至ってからでも、愛知県稲沢市の通称祖父江善光寺では、堂塔建立のための寄進を募るべく、地元愛知をはじめ、岐阜・三重の東海地方で出開帳時に「善光寺如来絵伝」絵解き（**図15**）を行なった。その予告ポスター（**図16**）も残っている。また、台本や絵解きの一部を録音したテープが現存しており、さらに近年はあらたに作った絵伝二幅を用いて、寺の内外で副住職夫人が絵解きを復活、口演している。

「立山曼荼羅」（**図17**）は、江戸時代に盛んに作成され、多数現存する。絵解き台本『立山手引草』なる一書（**図18**）も現存する。この台本を参考に、筆者が新しく台本を作り、〝国民文化祭とやま〟において、立山町芦峅寺の復元された宿坊で口演した。その後は、米原寛氏が富山県〔立山博物館〕の内外で精力的に口演されている。これとは別に、魚津市・大徳寺では寺宝の「立山曼荼羅」四幅を住職自ら絵解きされてきた（**図19**）。

「志度寺縁起」や「矢田地蔵縁起絵」は、絵巻と掛幅絵とがともに伝わっている例で、演ずる場所や人数などの条件によって使い分けられていたのではないかと考えられるのである。

(5) 軍記物語に題材を得た説話画

「京都六波羅合戦図（平治戦乱絵図）」「源義朝公御最期の絵図」「安徳天皇御縁起絵図」「三木合戦図」などを指すグループである。

愛知県・大御堂寺（野間大坊）には、源義朝に纏《まつ》わる「京都六波羅合戦図」と「源義朝公御最期の絵図」の二種が伝わっているが、現在では「源義朝公御最期の絵図」だけが絵解き（**図20**）されている。江戸末期以降の絵解き台本（**図21**）も数種伝えられていて、絵解きの変遷を知る上で貴重である。

「三木合戦図」絵解き（**図22**）は、豊臣秀吉の三木城（兵庫県三木市）攻めに対して、城主別所長治と家臣たちが城から打って出て抗戦するもので、絵解きは、「是は……でござる」「是は……の体《てい》なり」といった短い科白《せりふ》で次々と合戦の場面を説いていく特異な語り口である。

(6) 物語・伝説に題材を得た説話画

ここに属する説話画は、「苅萱道心石童丸御親子御絵伝（苅萱親子御絵伝）」「衛門三郎」「小栗判官一代記」「道成寺縁起絵巻」「恋塚寺縁起絵」「小野小町九相図」「檀林皇后九相図」「酒呑童子絵巻」など、多様である。

「苅萱親子御絵伝」をめぐる絵解きは、高野山苅萱堂（**図23**）に伝わるが、長野市内の二ケ寺、即ち西光寺と往生寺（**図24・図25**）でも成されている。それぞれ独自の語り口で、甚だ興味深いものである。

現存する「九相図」の大部分は、小野小町を主人公としているが、京都市・西福寺蔵「九相図」(図26)と、大津市・聖衆来迎寺「六道絵」所収の「人道九相図」は、ともに大伴氏出身の檀林皇后を主人公としていて、興味をそそられる。

絵巻を使用した現行絵解きとして唯一なのが、和歌山県・道成寺に伝わる「道成寺縁起絵巻」上下二巻である。昭和以降に限ってみると、歴代の住職を中心に絵解きされてきた。

昭和四十年代までは、小型の絵巻を用いて住職がその前に座して(視聴者には背を向ける形で)絵解きしていた(図27)が、何時の頃からか大型の絵巻を使い、住職は立って絵解く(図28)ように変わったのである。幕末の絵解き台本の他、昭和四年(一九二九)に執り行われた千年祭の折に作成された絵解き台本があり、近時挿図入りの、幕末の台本に近似する「安珍清姫之本」という小冊子形態の資料が、近隣の浄土宗寺院から道成寺へ寄贈された。

絵巻を用いた絵解きは、昭和五十年頃まで新潟県・国上寺に伝来する「酒呑童子絵巻」三巻を用いて、本尊御開帳時に、庫裡に通じる廊下や組立て式小屋掛けの中で、扇子の柄を指し棒代わりにして絵解きしていた、と仄聞していた。

図 20　「源義朝公御最期の絵図」の絵解き
(水野隆円師　大御堂寺)

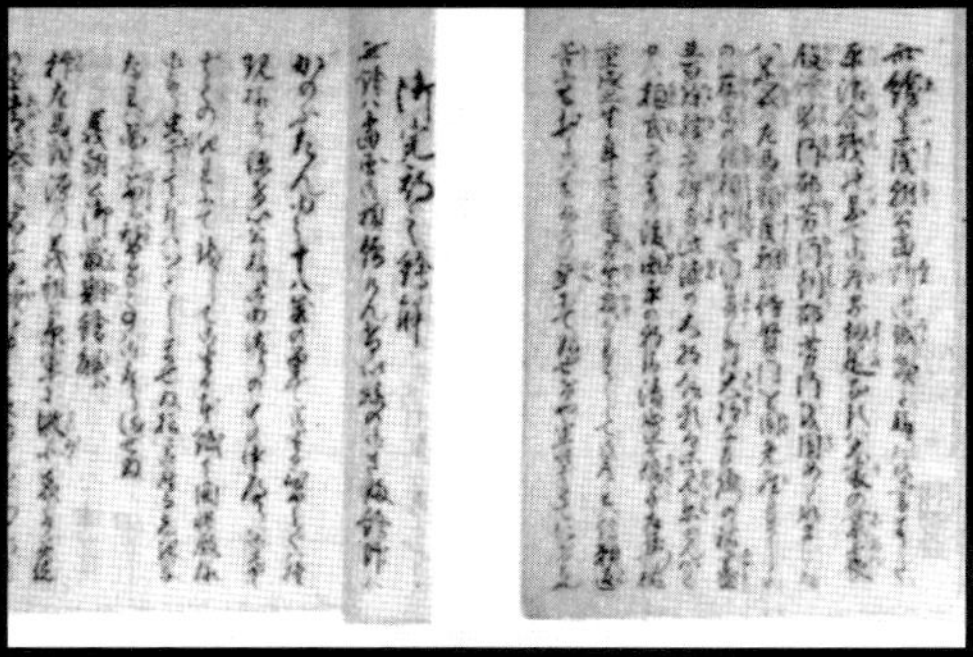

図 21　絵解き台本「大御堂寺絵解」
(西尾市立図書館岩瀬文庫蔵)

図 22　三木合戦の絵解き(神沢裕章氏・兵庫　法界寺)

図 24　「刈萱道心石童丸御親子御絵伝」の絵解き（西光寺・竹澤繁子氏）

図 23　額絵を前に絵解きをする大川正雄氏（高野山刈萱堂）

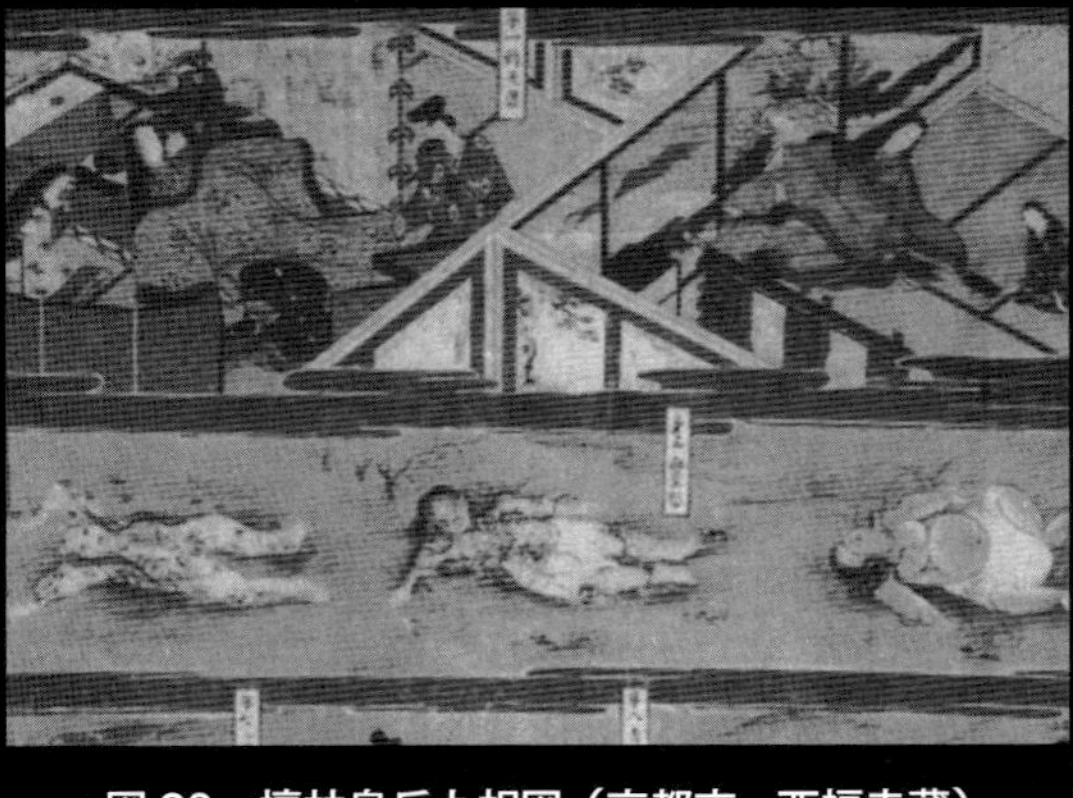

図 26　檀林皇后九相図（京都市・西福寺蔵）

図 25　「刈萱親子御絵伝」の絵解き（往生寺・水野善朝師）

しかしながら、平成元年（一九八九）七月二十一、二十二の両日、〝分水まつり〟での久々の口演を直前にして、最後の絵解き伝承者だった神田与七氏が亡くなられ、名実ともに絵巻を用いての絵解きは、道成寺だけになってしまったのである。

図27　道成寺の絵解き（堀田宏海師・和歌山　道成寺）

図28　「道成寺縁起絵巻」の絵解き（小野成寛師　道成寺）

四

絵解きに用いられた説話画を、形態面から分類するならば、大きく、

（a）壁画

（b）障屏画
（c）絵巻
（d）掛幅絵
（e）額絵

の五つに分けることが可能である。

現存する説話画を見ていると、（d）掛幅絵が実にバリエーションに富んでいることに気付く。さらに量も多い。先の内容分類の「(4)寺社の縁起・由来・霊験・案内を描いた説話画」の傾向と共有する点が多々見られると言っても過言ではなかろう。

五

内容から六種に分けてそれぞれに掲げた説話画は、過去あるいは現在絵解きの対象となったもので、しかも広く一般に知られたものに限ったが、必ずしもこれだけではないことを、あらためて強調しておきたい。

また、前述したように、寺社参詣曼荼羅を含めて、(4)に属する説話画が質量ともに抜きん出て多いことも、あらためて注意を喚起しておきたい。それにも関わらず、寺社参詣曼荼羅の絵解きに関する研究が著しく遅れをとっていたのは、直接的な文献資料が少なかった点にあったのだが、多くの研究者のさまざまな領域からのアプローチによって、近年研究成果の様相が大きく変容したことも、述べておかねばならない。

［付記］本稿中の関係各位に対して、あるいは非礼があるやも知れぬが、諸般の事情を鑑みて、御寛恕頂きたいと念じ上げる。

第３回 絵解きフェスティバルちらし

第3回絵解きフェスティバル

絵解き台本集

「お釈迦さま涅槃図」絵解き（短縮版）

岡澤 恭子

「祇園精舎の鐘の声、諸行無常の響あり。娑羅双樹の花の色、盛者必衰の理をあらわす」

遠い遠い昔、今からおよそ二千五百年ほど前のこと。世界の屋根と言われるヒマラヤ山脈のその麓に、豊かで平和な釈迦族の国がございました。お釈迦さまは、その釈迦族の国の王子としてお生まれになりました。ところが、お母さまの摩耶夫人は、お釈迦さまを産んでわずか七日で亡くなってしまいます。このことからお釈迦さまは、人生とは何か、死とは何か、深く深く考え込まれるようになりました。そして、二十九歳の時、生まれたばかりの愛しい我が子に羅睺羅という名前をつけてただ一人出家され、三十五歳で悟りを開かれたのです。

さて、そのお釈迦さまも、今はすでに齢八十歳。教えを広められた長い旅の末に、今は北へ北へと最後の旅をしてゆかれます。忠実な弟子の阿難が、まるで影のように、お釈迦さまにいつも寄り添っておりました。

ある時パーヴァーという都の近くまで来て、お釈迦さまはチュンダという鍛冶屋からお食

事の供養を受けられました。チュンダが差し出したトリュフの料理を一口召し上がったお釈迦さまは、

「チュンダ、この料理は食べてはならぬもの。残ったものはすぐ土に埋めよ」、そうおっしゃいました。そして迸るように血を吐かれたのです。トリュフとは、幻の貴重な茸であったと言われております。これがお釈迦さまには最後のお食事となったのでございます。

お釈迦さまは激しい下痢と血が止まらぬまま、なおも旅を続けられました。お釈迦さまの最後の旅のその先には、白く輝くヒマラヤ山脈の麓、かの故郷があったのでございます。お釈迦さまでも、最後は故郷に帰りたいとお思いだったのでしょうか。

ところが、この時阿難がふと見ると、何とお釈迦さまのお体が金色の光を放ちはじめました。

「なんとお釈迦さま…、御体が…」

阿難が驚いておたずねすると、お釈迦さまはうなずいて、

「阿難よ、私の体が金色に輝くことは二度あるのだよ。一度目は悟りをひらいてブッダとなった時。そして二度目は、入滅の時である」

このお言葉で、弟子の皆は、お釈迦さまがお亡くなりになるのが近いことを悟ったのでございます。故郷まであと半分の道のりでした。


胸を痛めてずっとついてきていたチュンダは、

「何ということだ、私のせいで大切な大切なお釈迦さまが…」

と地面に泣き崩れました。お釈迦さまはトリュフを出したあのチュンダをそばにお呼びになり、

「チュンダ、あの食事は心のこもった素晴らしい食事であった。私の生涯の中で、悟りを開く時に食べた一杯のお粥と、あの最後の食事ほど価値のある食べ物はなかった。よいかチュ

『釈迦涅槃図』

お釈迦さまが、沙羅双樹の下で入滅する様子を描いている。長谷観音の釈迦涅槃図は江戸時代に描かれたもので、絵図の縦横が 2.3メートルに及ぶ大きさ。現在、寺外口演の絵解き用に復製版が活躍する。

金峯山長谷寺蔵

絵図右上、天から現れた
お釈迦さまの母、摩耶夫人。

ンダ、私が死んでゆくのはお前のせいではない。私がこの世に生まれたからである。チュンダ、決して自分を責めるでないぞ」

皆に聞こえるようにそうおっしゃいました。そして、長い旅をともにしてきたお弟子たちの顔を見回して、ゆっくりおっしゃったのです。

「皆よ、いざゆかん。クシナガラへ」

お釈迦さまは、最後の力をふりしぼって川を渡り、涙にくれる多くの弟子たちとともに、クシナガラの沙羅の樹の林に向かわれました。「涅槃図」の場面にやって参りました。ここからは私たちも一行のあとに従ってついて参りましょう。どうぞ思い描いて下さい。ここが「涅槃図」に描かれたクシナガラの沙羅の木の林です。梢を風がわたってゆき、微かな音をたてて沙羅の木の葉を揺らします。

「阿難よ、道の果てに達した。横になろう」

そうおっしゃってお釈迦さまは、二本の沙羅の樹の間に、頭を北に、右脇を下にして、ついに横になられました。今、お亡くなりになった方を北枕にするのは、せめてお釈迦さまの涅槃にあやかるようにとの、切なる願いからでございます。

するとその時、不思議なことがおこりました。沙羅の木々が季節でもないのに真白な花を咲かせ、まるでお釈迦さまを供養するかのようにはらはらと白い花びらを舞い落とし始めたのです。川は悲しみを湛えて沸き返り、天からは美しい音楽と歌声が聞こえてまいりました。「阿難よ、この世はかくも美しい」、お釈迦さまの深く静かなお声に、阿難はもうこらえきれず、声を放って号泣いたしました。

この阿難は、お釈迦さまの年の離れたいとこでございます。どの「涅槃図」でも阿難は、

たいそう色白に目立つように描かれております。阿難はお釈迦さまの侍者になってから実に二十五年の間、片時もおそばを離れず、お釈迦さまに仕えて参りました。お釈迦さまの説法をいつもおそばで聞き、全ての一言一言を心に刻み付けるようにして覚えておりました。そのため、「多聞第一」、誰よりもたくさんお釈迦さまのお話を聞いた方、そう呼ばれたお弟子でありました。けれど、阿難はまだ悟れなかったのです。お釈迦さまのお世話に全てを捧げ尽くしたその優しさのためでありましょうか。主なお弟子たちが次々と悟りを開いて阿羅漢になってゆかれるのに、阿難だけはまだ悟りを開くことができませんでした。

「お釈迦さま、私をおいていかないで下さい。どうかこのまま、どこまでも、どこまでもお供させて下さい」

阿難はお釈迦さまの前に身を投げ出して泣きました。

「阿難よ、ここからは私独りの旅である。全てのものは必ず滅ぶ。それがこの世の掟であったね。だからこそ、自分の旅の終わるその時まで、精一杯よく生きよ。これからは私が説いた教えを燈としてその道をゆくがよい。阿難よ、長い間よく私に仕えてくれた。お前の真心忘れはせぬぞ。阿難よ、覚えておくがよい、おまえはすでに大きな功徳を積んでいる。必ず悟りに達することができる。さあ皆が別れにやって来るようだ」

不思議な知らせによってお釈迦さまの入滅を知った神仏が人々が動物たちが、クシナガラの林へ林へと波のように集まって参ります。全部で五十二種類の生き物が集まってきたと伝えられております。

お釈迦さまがお亡くなりになるという知らせを最初に知ったのは、この牛でございました。牛は、「私は足が遅いから」と、クシナガラに向けてすぐ出発いたしました。牛は途中、

ネズミに出会いました。

「おお、おお、ネズミの足では大変だろう」

牛はネズミを頭に乗せてやりました。途中ネズミは、猫が昼寝をしているのに気がつきましたが、かねてより猫のことを嫌っておりましたので、わざと起こさずに通り過ぎました。クシナガラに着いた途端、ネズミはぴょんと飛び降りて一番乗りに、その後が丑、寅、卯と、ここでこうして十二支の順番が決まったのだと言われております。

あとでお近くでご自分の干支を探してみて下さい。猫は、この場に間に合いませんでした。ですから猫は「涅槃図」には描かれない決まりとなりました。そしてそれを恨みに思って、平成の今日にいたるまで、猫はネズミを見る度に追いかけ回すようになったのだ、と言われております。けれど、こちらの「涅槃図」には確かに猫が描かれておりますね。

実は特別に、涅槃図に猫を描く一派があるのです。京都東山に、紅葉で有名な東福寺というお寺がございます、その東福寺に昔、明兆という絵の名人の僧侶がおりました。明兆が今も東福寺に掛けられます「大涅槃図」を描いておりましたところ、赤い絵の具が足りなくなって困っておりました。すると何処からともなく一匹の猫が現われ、明兆を近くの川の上流まで案内したのです。

そこには赤い絵の具がとれる岩がたくさんありました。明兆はその岩から赤い絵の具をとって「大涅槃図」を描き、感謝の気持ちをこめて片隅に猫を描きこんだのでございます。それ以来、東福寺の流れを汲む「涅槃図」には猫が描き込まれるようになりました。

今日ここにいらっしゃる皆さまは、強い仏縁をお持ちで、それぞれに不思議なお導きによっ

て、今日この場に呼び集められた方々でございます。皆さまは、今お話したこの動物たちの後ろに連なって、今まさに、お釈迦さまの涅槃に立ち会っているのでございます。

お釈迦さまの教えをひたすらに光として生きてきたお弟子たちが、周りを取り囲んでいます。その中には、九十九人の人を殺し、殺した人から指を一本ずつ切り取って飾りを作っていた青年アングリマーラもいました。

また、二歳の可愛い盛りの子どもに死なれ、悲しみのあまり気がふれて、すでに腐りかけた子供を抱いて、「この子に薬を下さい、この子を治して下さい!」と誰彼かまわず取りすがっていた貧しい母親キサーゴータミーもいました。

お釈迦さまは深い哀れみをもってキサーゴータミーにおっしゃいました。「さぞ辛い道であったろう、キサーゴータミーよ。私が薬を作ってあげる。さあ行って芥子の実をもらっておいで。まだ一度も死者を出したことのない家からだよ」キサーゴータミーは駆け出して行き、町中の家の戸を叩きました。けれど、まだ一度も死者を出したことの無い家など一軒もなかったのです。生まれたからには誰でもが死んでゆく。その別れの悲しみを知らない家など、一軒もなかったのです。お釈迦さまが本当に教えたかったことが真実分かったキサーゴータミーは我が子の亡骸をそっと葬って別れを告げ、お釈迦さまのもとに戻って頭をさげました。

「お釈迦さま、あなた様のもとで生涯、お弟子にして下さいませ」

こうして皆、お釈迦さまに出会って出家したのです。お釈迦さまの前に全ての悲しみや苦しみを投げ出して、皆、救われてきたのです。

お釈迦さまの枕元近くにいるこのお方は、お釈迦さまの実の息子、羅睺羅です。

わずか六歳でお釈迦さまのあとを追って出家して以来、あいつお釈迦さまの実の息子だと思っていい気になって、そう言われるのが嫌で、いつも一番遠く離れた所で、トイレの床に寝起きするという、誰よりも厳しい修行をずっとしてこられたのです。

「羅睺羅はどこにいる」

お釈迦さまはこの時初めて羅睺羅を枕元にお呼びになり、じっとその顔を見て

「羅睺羅、我が息子よ。おまえの顔が見たかった」

そうおっしゃいました。親子の情というものは、かくも深いものでございます。

足元には、一人のお婆さんがいます。この人は熱心なお釈迦さまの信者だったのですが、あまりにも貧しくてお釈迦さまに何もしてあげることができなかったのです。ですから今、せめて両の手で旅に疲れたお釈迦さまの足を一心に擦っているのです。このお婆さんの流した涙で、お釈迦さまの亡骸には七日の間どうやっても火がつかなかったと申します。

天からは、お釈迦さまを産んでわずか七日で亡くなられたあのお母さまが泣きながら、阿那律に導かれて舞い降りていらっしゃいます。お母さまは急いで天の薬袋を投げ落とされましたが、それは沙羅の木に引っ掛かりお釈迦さまには届かなかったと言われております。

ずっと仏法を警護してきた四天王が、木の陰で泣いています。ここにいるのは阿修羅。頭に鳥を戴いたカルラもいます。龍王たちもやって来て、悲しみに暮れています。仁王さまは転げ回って泣き叫んでいます。立派な服装の各国の王様たちが、袖で涙をぬぐっています。菩薩さまは金色に描かれていますが、それにもまして、お釈迦さまのお体がいっそう金色の

光を放ちはじめました。お釈迦さまとの、この世でのお別れでございます。

涙をたたえた満月がクシナガラの林の真上にのぼり、お釈迦さまや集まったものたちを、そして私たちを照らします。お釈迦さまがまた静かに口を開かれました。

「皆よ、誰でもまだ疑問が残っているものは、遠慮なく今尋ねるがよい」

けれど、もう誰一人質問するものはありませんでした。まだ悟れていないものでも、お釈迦さまからすでに全ての教えを伝えられていたことに気づいたのです。

「では、皆よ。私の体はなくなっても私の教えはいつもあなたたちとともにある。私に会いたいと願う時、私は必ずあなたたちの心の中に現れる。皆よ、全ての物事はうつりゆく。怠らず怠らず、努力してゆくのだよ」

これがお釈迦さまの最後のお言葉でございました。

かくしてお釈迦さまは、永遠の涅槃に入られたのです。お釈迦さま八十歳の二月の十五日、満月の夜でございました。この時大地震がおこって大地は震え、神々の太鼓の雷が鳴り響き、沙羅の木々は悲しみのあまり黄色く立ち枯れてゆき、人々は泣き崩れ、阿難は気を失って倒れました。

のちに、お釈迦さまの教えをひとつにまとめようということで、すでに悟ったお弟子たち四九九人が結集という集まりをもつことになりました。お釈迦さまの教えを一番たくさん聞いたのは、いつもおそばにいたこの阿難でございます。けれど阿難はまだ悟れておりません。そして悟れていない者結集に出てはならぬということになりました。阿難は、お釈迦さまに申し訳ないと一人ひきこもって泣いているうちに、お釈迦さまがあの日苦しい中から言って

下さったあのお言葉を思い出しました。

「阿難よ、おまえはすでに大きな功徳を積んでいる。必ず悟りに達することができる。阿難よ立ち上がれ」

阿難は、ありありとお釈迦さまのお声を聞きました。そして結集の日の朝、阿難はあざやかに悟りを開いたのでございます。阿難は最後の五百人目の出席者として結集にかけつけました。これが五百羅漢でございます。

そして、お釈迦さまの気高く優しかったあのお顔を思い出しながら、ゆっくり語り始めました。

「如是我聞、かくの如く我聞けり…」

この時阿難が語ったことが、今に伝わる全てのお経のはじまりになったのでございます。

その後、お釈迦さまの教えは、インドばかりか遥か世界各地へと広まっていきました。そして、二千五百年という時を経た今も、お釈迦さまの教えは私たちの中に深く深く生き続けているのです。

お釈迦さまはおっしゃいました。

「私の体はなくなっても、私の教えはいつもあなたたちとともにある。私に会いたいと願う時、私は必ずあなたたちの心の中に現れる」

と。苦しみの中で阿難がもう一度お釈迦さまに出会えたように、私たちがこの人生において、もう背負いきれないと思う悲しみや苦しみに出会う時、必ずこのお釈迦さまが私たちの心の中に来て下さいます。

どうぞ、心の中のお釈迦さまに気がつける私たちでいられますように。

そして、自分に与えられたこと、自分にできることを精一杯して、いつの日か私たちの番が来ました時には、お釈迦さまのようにとはいかなくとも、せめて一羽の鳥でも、あの人はよい人であった、よく生きた人であったよと一声鳴いてくれるように、この限りのある命を全うしたいものでございます。

皆さまは今日、お釈迦さまと深いご縁を結ばれました。
どうぞこのご縁を大切になさって下さい。

岡澤 恭子◆おかざわ きょうこ

長谷寺住職夫人、平成10年、長谷寺の巨大な「釈迦涅槃図」が修復されたのをきっかけに、同「釈迦涅槃図」や「弘法大師絵伝」絵解きに取り組み、独自の絵解き世界をつくり上げた。現在、真言宗智山派総本山智積院をはじめ各地の寺院、美術館、大学、公民館等に招かれ絵解き口演を重ねている。長谷寺での絵解きは毎年3月15日（涅槃会）のほか、予約等も多く随時行っている。金峯山長谷寺…〒388-8014 長野市篠ノ井塩崎長谷白助 電話 026-292-2102 ホームページ http://www.hasedera.net/

解説

『釈迦涅槃図』絵解き
仏教芸能が現代に伝えるもの

岡澤　慶澄

信州には『やしょうま』という食べ物があります。お米の粉から作るお団子で、愛らしい花模様にするのは、花の咲かない寒い季節の涅槃会に、少しでもはなやかなお供えをお釈迦さまに差し上げたいという、雪国の人々の心かも知れません。信州の言い伝えでは、ご入滅のお釈迦さまに、ヤショという弟子がお米の団子を差し上げたところ、お釈迦さまは一口召し上がって「ヤショ、うまかったぞよ」と微笑んで亡くなったから、このお供えを「やしょうま」と呼ぶようになったとか。よほど人々に親しまれたのでしょう、やがて涅槃会のことも「やしょうま」と呼びならわすようになりました。

このほのかに甘いお団子がほしくて、三月十五日の月おくれの「やしょうま」には子供たちがみんな寺に集まり、お堂にかけられた大きな涅槃図を見上げたものでした。涅槃図の絵の中では、臨終のお釈迦さまを囲んで、たくさんの弟子や神さま、それから動物や虫たちが悲しんでいます。子供たちはそんな死の光景を見つめながら何を思ったのでしょう。でも、そんなふうに子どもたちが涅槃図を囲んでいたのは、もう昔のことになってしまいました。いつしか「やしょうま」がほしくて寺に集まる子供たちの姿はなくなり、涅槃会の本堂はとても静なものになり、ただ愛らしい花模様の「やしょうま」がお供えされているばかりでした。

◇

私の妻が絵解きを始めたころは、そんなさみしい「やしょうま」でした。涅槃会のお参りというよりは、お供えの「やしょうま」を懐かしんでポツリポツリとやってくるお年寄りにお茶を出しながら、寒い中をせっかく来ていただいたのだからと、お釈迦さまのお話をしました。まだ生まれたばかりの息子を負ぶって、涅槃図に描かれた物語をとつとつと語りはじめたのです。それが長く途絶えていた我が寺の絵解きの復興であり、妻の絵解きの産声でした。

◇

あれから十五年がたちました。人づてに縁が広がり、遠くまで絵解きの旅をすることもあります。絵解きは元来が熊野比丘尼のような名もなき女性宗教家たちによって発展してきた民衆のための芸能です。比丘尼たちは旅をして熊野の神仏との結縁を勧めながら、村々の辻や橋の上で絵解きをしまし

聞き手それぞれの人生の物語を、それぞれの沙羅の林としてイメージに投影させる時、お釈迦さまの物語と私たちの人生の物語がつながる。

た。現代に絵解きをする妻も、本堂ばかりでなく、公民館やホールなどいろんな場所で、いろんな人々の集まりで絵解きをします。ある時はお寺の法要で、ある時は公民館の文化企画で、ある時は敬老会で、ある時は幼稚園で、ある時は女性たちの集いで、またある時は大切な人を亡くした人たちの集いで絵解きをします。

◇

そこに集まってくる人たちは、みんないろいろな人生を歩んでいて、性別もお仕事も家庭の事情も大切にしていることも十人十色です。それぞれに喜びや悲しみを抱えています。

でも、そんな人たちが、涅槃図の前に肩を寄せ合うように腰を下ろしてお釈迦さまの物語に耳を傾けています。沙羅の樹の間に横たわり、今まさに臨終を迎えているお釈迦さまが、何を語るのかと耳を澄ますのです。

絵解きは、「語り」によって聞き手を物語の世界へといざないます。聞き手は、語りをたよりに、それぞれの心のうちにその世界を思い描いてゆきます。語りの芸と聞き手の想像力とが共に携えあって、遠く二五〇〇年前の沙羅の林へとゆっくりと進んでいくのです。

――「梢を風が渡ってゆき、かすかな音をたてて沙羅の木の葉を揺らします」――そんな絵解きの語りを聴きながら、私たちの目は沙羅の樹の梢を想い見て、その吹く風を肌に感じ、かすかな葉音を想い聴くのです。

それらのイメージは聞き手の知識や体験の深層を大地として生えてくる沙羅の樹々であり、いつかどこかで肌に触れた柔らかな風の記憶であり、別れの悲しみのあの日に聞いた葉の揺れる音から想起されてくるのでしょう。それらはみなその人その人の人生の物語が描き出すそれぞれの沙羅の林です。

それは客観的な事実として「正しい沙羅の樹」ではないかもしれません。でも、そうやって思い描かれていく世界は、その人その人の人生の物語と地続きになり、そうなるともはや妻の語る言葉は妻のものではなく、お釈迦さまの言葉となって聞き手の人生に語りかけてくるでしょう。絵解きを始めとする仏教芸能とは、その語りの芸をもって、お釈迦さまの物語と私たちの人生の物語をつなぐものなのです。

◇

絵解きの中にチュンダという鍛冶屋が登場します。彼はお釈迦さまに「最後の食事」を供養したものとして永遠に語られる人間ですが、その食事がもとでお釈迦さまが死の床に就いてしまったために、彼の自責の念、悔恨の情もまた、永遠に人々の胸に迫るものとなりました。チュンダは「ああ、私のせいで大切な大切なお釈迦さまが…」と取り乱し泣き崩れます。そんな憔悴しきったチュンダに向けて、お釈迦さまは語りかけます。

◇

「チュンダ、私が死んでいくのはお前のせいではない。私が死んでいくのは、私がこの世に生まれたからである」

絵解きがこの場面に差し掛かると、誰かがすすり泣く声が聞こえます。私たちは、深浅の差こそあれ、大切な人との死別に自責の念や悔恨の情を抱くものです。チュンダが「ああ、私のせいで…」と取り乱し泣き崩れるように、この今も先だった人の死に、人生をとらえられている人があります。心のない人に責められ、もう自分は幸福になってはいけないのだと、笑うことさえ自分に禁じている人もあります。そんな自責と悔恨に立ち尽くしている無数のチュンダ。

お釈迦さまはこの時、チュンダその人に向けて語りかけつつ、私たち人間の自責と悔恨という深い悲しみそのものに向けて語りかけているかのようです。

◇

チュンダだけではありません。妻が、涅槃図の絵解きの中で取り上げるのは、お釈迦さまとの別れを受け入れられずに悲嘆にくれる弟子のアーナンダ、我が子を亡くして半狂乱となっている女性のキサーゴータミー、殺した人の指を首飾りにしている殺人者のアングリマーラ。アーナンダはお釈迦さまに憧れ悟りを目指しながらも、意志の弱さのために迷い続ける誠に情けない弟子。キサーゴータミーは我が子への愛の深さから、すでに死んだ遺体を手放せない母。アングリマーラは己の罪悪の報いである辱めに耐えようとする男。いずれも、その弱さ、傷、悲しみの深さにおいて、現代を生きる私たち自身が抱える弱さや悲しみと深く共鳴する人々です。だからこそ、彼らに向けて語りかけるお釈迦さまの言葉ひとつひとつが、私たちの内なるチュンダ、キサーゴータミー、アングリマーラに届いてくるのでしょう。絵解きは、遥か二五〇〇年前のお釈迦さまの言葉を、今を生きる私たちの心に届けるものなのです。

◇

思えば、「ヤショ、うまかったぞよ」という言い伝えを信じて「やしょうま」に集まっていた人々の時代から、私たちは遠いところまで来てしまいました。もうそこには帰れないでしょう。でも、妻はその遠いところまで、お釈迦さまの言葉を届けにこれからも旅を続けていくでしょう。絵解きはそんな遠いところに生きている人の心と、お釈迦さまの心とをつなぐものなのですから。

寒い冬が往けば間もなく「やしょうま」の季節。凍てついていた信州にもかすかな春の兆しが漂ってきます。涅槃図の絵解きに耳を澄ませてみませんか。思い描いてみませんか、沙羅双樹の花の色を。ほらお釈迦さまの声が聞こえてまいります。

「皆よ、全ての物事はうつりゆく。怠らず、怠らず、努力してゆくのだよ」。

初出：大阪應典院発行「サリュ・スピリチュアル vol.8」

おかざわ・けいちょう◆金峯山長谷寺住職

石段を登り、境内楼門から観音堂を望む。数年前、奈良長谷寺の文書『長谷寺験記』にも記載されている開基白助翁の伝承『白助物語』を「絵本」で出版し、近くその絵解き図も完成するという。

春、涅槃会「やしょうま」は季節の行事として定着、この日「釈迦涅槃図」の絵解きが行われる。子供たちや地域の人々が集う夏の風物詩「サンジョサン（三十三献灯）」は、長野市の無形文化財に指定されている。寺は千曲川が流れる善光寺平を見晴らかす高台にある。

「熊野観心十界曼荼羅」絵解き

山本殖生

◆こちらの絵は、「熊野の絵」と呼ばれる人生の坂道と地獄・極楽を描いたものじゃ。それではみなさんをあの世の世界へご案内しよう。上の半円が人生をあらわした坂道じゃ。真ん中に「心」の文字がある。生前のあなたの心の持ち方で、地獄から極楽の一〇の世界に振り分けられるのですよ、という絵なのじゃ。

◆まず、右側の建物に夫婦と赤ちゃんが見えている。赤ちゃんは人生の坂道を上りながら大きくなっていく。坂道のそばの木々も若々しいものじゃ。円の頂点をすぎると、坂道は下りになっていく。上りより下りのほうが急になっている。まだ、みなさんは感じていないかも

知れんけど、だんだん、だんだんと一年たつのが早くなっていくものじゃ。木も紅葉から枯れ木になっていく。子供に手を引いてもらったり、杖をついている。左上には雲に乗った鬼が見えている。人の魂が鬼にさらわれているところじゃ。人生の途中で不慮の死をとげた人かもしれん。そして、人生の終着駅がここの墓地じゃ。犬やカラスが死体に群がっている。

◆左手が鬼に追いたてられる針の山。その下が三途の川。龍や蛇が泳いでいる。橋の上では、白装束の夫婦が地蔵さんに導かれている。夫婦仲ようしたら救われるかもしれん。川のそばに亡者の衣服を奪う脱衣婆がいる。こわい顔をしてるじゃろ。

◆死んだ人の霊は、閻魔大王の裁きを受ける。人々は、罪を秤ではかられたり、生前の行いを鏡に映されたりする。「おまえはこんな罪を犯しただろう」というわけで、それぞれに応じた世界に送り込まれるわけじゃ。

◆けんか好きの人は、修羅道の世界行き。いつまでも戦いにあけくれる所じゃ。人の頭をもった動物の世界、畜生道。おろか者が堕ちる世界じゃ。これが餓鬼道。飢えた人が、ご飯や木の実を食べようとしても火になってしまう世界じゃ。

◆これが火の車と火柱。借金に苦しむ夫婦なのか。左下が無間の地獄。白い衣につかまっても、深く沈んでいく地獄じゃ。これが臼と杵でたたきつぶされる地獄。餅つきとはえらい違いじゃ。真ん中の下が有名な地獄の釜。石川五右衛門もびっくりじゃ。その右が闇穴地獄。暗闇を夫婦でいつまでもさまようんじゃ。

◆女性が気になる地獄もたくさんある。右下が血の池地獄。血の汚れがあるとされた女性が堕ちるところじゃ。しかし、如意輪観音から血盆経をいただき供養したので救われている女性もいる。その左が刀葉林。葉が刀になった木の上に美女がいる。いくら追いかけても傷だらけになる。惨めなストーカー地獄じゃ。その左が両婦地獄。二人の女性を持つと堕ちる、エッチな男性の地獄じゃ。二頭の蛇に巻きつかれている。これが不産女地獄。二人の女性が竹やぶで、竹の根を灯芯で掘っている。掘れるはずがない。

◆これが四十九餅。四十九日の間、一日一本づつ釘を打ち込まれるんじゃ。しかし四十九個の餅をお供えしたら助かるそうじゃ。次が「子は三界の首伽」。首枷をされ地獄に送られていくお母さんを子供がかなしそうに見送っている。これが有名な賽の河原じゃ。幼くして亡くなった子供が河原で石を積んでいる。子供は大切にせないかん。

◆いや親も大切にせないかん。これは、地獄におちたお釈迦さんの弟子の目連さんのお

母さんじゃ。地獄の釜で串刺しになっている。目連さんが鳥居の下で泣いている。そこで、目連さんはお釈迦さんに相談した。そしたら、多くのお坊さんを集め、たくさんのお供えをして、先祖を供養しなさいと教えられた。それで、今、ここで立派な施餓鬼棚をつくり、供養しているところなんじゃ。

◆そしたら、人間の世界へ戻ることが出来るかもしれん。いや、天女の舞う天の世界にいけるかもしれん。うまくいくと、仏の声が聞こえる声聞の世界や、自らの悟りの世界を感じる縁覚の世界にいけるかもしれん。いやもっとうまくいくと菩薩や仏の理想世界にいけるかもしれんのじゃ。

◆それはあなたの心がけしだいなのじゃよ。

山本 殖生◆やまもと しげお

明星大学人文学部卒。新宮市教育委員会学芸員などを経て、熊野歴史研究会事務局長、国際熊野学会熊野事務局長などをつとめる。熊野信仰の調査・研究をしていく中で、「熊野十界曼荼羅」等の図像に出会い絵解きを開始。熊野比丘尼風装束とユーモアあふれる語りが評判となる。各地での口演も多い。著書に『熊野 八咫烏』などがある。山本 殖生 〒647-0043 新宮市緑ヶ丘 1-8-52 電話 0735-22-7503

『熊野観心十界曼荼羅』
三重県大円寺本

最上部の日輪・月輪の下には人の一生を描く老いの坂が半円状に描かれ、中心の「心」字からは、十界への出入口を表す鳥居に赤い線が結ばれている。下段では地獄を詳細に描写している。

『那智参詣曼荼羅』
三重県大円寺本

『熊野観心十界曼荼羅』と一対にして熊野比丘尼が持ち歩いた。

熊野那智の美しい景観と物語をちりばめた聖地絵図。手前に御禊する参拝者にお祓いをする熊野比丘尼も描かれる

解説

『熊野観心十界曼荼羅』絵解き
六道輪廻とその救済を一枚に凝縮

吉原　浩人

『熊野観心十界曼荼羅』は、仏教の世界観を一枚の絵画に凝縮した、奥深い内容を有している。中世後期より『那智参詣曼荼羅』と一対にして、熊野比丘尼が持ち歩いた唱導のために作成された絵画である。

大画面の絵画を持ち歩くために、折り畳んだ跡のあるものもみられ、寺院で絵解かれるばかりでなく、数多く作成されて機動的に使用されていたことがうかがえる。

『熊野観心十界曼荼羅』の最上部には、日輪・月輪と亡者をさらう獄卒、その下には人の一生を描く老いの坂が半円状に描かれている。坂の入り口には、貴族の館における夫婦と子供の誕生が描かれ、裸の女児がはいながら鳥居をくぐるところから人生が始まる。坂を上り下りする男女は、一組で歩んでいる。坂の頂点では金扇を掲げた貴族の男性と寄り添う女性が描かれ、背後の二本の杉は人生の頂点を象徴する。同様に、梅・松・紅葉・雪を頂いた樹木は四季の移ろいを示すとともに、人生の栄枯盛衰をあらわしている。最後に女性は出家姿になり一人で鳥居を出るが、その先には墓地があって、犬や烏が死体を食い荒らしている。

上段中心の「心」字からは、十界への出入口を表す鳥居に赤い線が結ばれている。半円の中には、仏・菩薩・縁覚・声聞の四聖と、天・人の両道が配され、下段には修羅・畜生・餓鬼の各道と、地獄の様相が特に詳しく示される。

心字の下には、目連救母説話に基づく盛大な施餓鬼会のありさまが描かれる。向かって左には、閻魔大王が配され、罪人が浄頗梨鏡や業秤による審判を経て、三途の川から冥界に入り、奪衣婆によって衣を奪われ、火車で地獄に引かれていく道筋が描かれる。しかし、三途の川の奈河橋には、地蔵菩薩に連れられた白衣の男女が描かれることから、ここが六道世界への入口であると同時に、救済の出口でもあることが示されている。施餓鬼会の下に描かれる賽の河原にも、小児を優しく導く地蔵菩薩が大きく描か

山本氏は途絶えていた『熊野観心十界曼荼羅』『那智参詣曼荼羅』の絵解きを復活させ、比丘尼装束に扮したユーモア溢れる語り口で熊野地域の魅力を多くの人々に弘めている。

平成 25 年 9/14 〜 12/8 の土・日・祝日に JR 紀伊勝浦駅 8 時 22 分発の普通列車内で「新宮参詣曼荼羅」の絵解きが試みられた。

熊野速玉大社横の川原家横丁で「新宮参詣曼荼羅」の熊野比丘尼に扮した女性の絵解き。（定期ウォーク・ガイド申し込み：新宮市観光協会 電話 0735-22-2840）

れている。

下段では、他の五道に対し、地獄を詳細に描写することに特徴がある。標準的な絵相では、向かって右側から、寒地獄・血の池地獄・闇穴地獄・刀葉林・不産女地獄・両婦地獄・四十九餅・銅柱・地獄の釜・鉄臼・無間地獄などが描かれる。

『熊野観心十界曼荼羅』と『那智参詣曼荼羅』を主として唱導したのは、熊野比丘尼と呼ばれる女性であった。経論に典拠の存しない、血の池地獄・不産女地獄・両婦地獄・四十九餅は、中国もしくは日本で、中世以降に成立した民間信仰に基づくもので、女性に対する強い差別を内包するものである。前近代においては、このような世界観によって説法教化が行われていた側面を直視しつつ、それが語られた時代背景をも正しく理解しなければならない。

近年、研究者の努力によって『熊野観心十界曼荼羅』の遺例が多数発掘され、小栗栖健治によって図録としてまとめられ出版された。

今回絵解きを行っていただく山本殖生氏は、元新宮市教育委員会学芸員として、熊野信仰を中心とした研究者として著名な方である。同時に、途絶えていた『熊野観

『那智参詣曼荼羅』

右：本殿のお参り場面、西国巡礼をはじめた花山天皇の参拝の様子といわれる。

下：寒い冬の滝行で気を失った文覚上人を不動明王の使いの童子が助けている場面。

心十界曼荼羅』『那智参詣曼荼羅』の絵解きを復活させ、ユーモア溢れる語り口によって、熊野地域の魅力を多くの人々に弘めている。

なお『熊野観心十界曼荼羅』の市販DVDには、黒田日出男講演『地獄の風景—熊野観心十界曼荼羅を絵解きする』（方丈堂出版）がある。

よしはら・ひろと◆早稲田大学文学学術院教授

参考文献

林雅彦編『「日本の絵解き」サミット　山岳霊場と絵解き』（人間文化研究機構連携研究「日本とユーラシア：交流と表象」「唱導文化の比較研究」班　二〇〇六・三）
小栗栖健治『熊野観心十界曼荼羅』（岩田書院　二〇一一・二）

ミニコラム わたしと絵解き

己の姿を思い描く…地獄絵を前にした西行

◆中西満義

平安時代末期の歌僧西行に、つぎの歌がある。

見るも憂し　いかにかすべき我が心
かかる報いの　罪やありける
（『聞書集』）

これは、「地獄絵を見て」と詞書された二十七首からなる連作の第一首である。「花と月の歌人」とも呼ばれる西行には、似つかわしくない、ずいぶんとすさまじい歌である。屏風歌というものはあったが、地獄絵自体、和歌に相応しいものではなかった。

西行は、地獄絵を見て、「見るも憂し」とおののく。そして、堕地獄の因を自身に問い詰めていく。若くして出家遁世を果たした西行は、殺戮に手を染めることはなかっただろうが、源平争乱をはじめとする戦乱の数々を見聞した。いわば、現実の社会が修羅の世界であり、地獄界であったわけだが、西行は地獄絵を絵空事として見過ごすことができなかった。地獄は必定との思いが、西行にはあった。

浄土教思想の流布するにしたがって、地獄絵、六道絵、十界図といった絵画がしきりに制作されたようだ。「欣求浄土」の方便として描かれた地獄絵は、その目的を超えて、大きな衝撃を見る者に与え続けた。地獄絵は、人間の内面に横たわる暗部を照らし出す鏡となった。阿弥陀の仏国土、極楽浄土を希った西行が地獄に己の姿を思い描いていることは、まことに興味深い。

連作の後半には「ちういん僧都と申しし人、説法にし侍りける……」の文言が見られる。それが、絵画を伴った「絵解き」であったかは不明だが、西行は地獄絵を前にして仲胤の説法を思い起こしている。西行の連作は、地獄絵の「絵解き」さながら、現代人の傲慢を諭しているように思われる。

なかにし・みつよし◆上田女子短期大学教授

「かるかや堂往生寺」絵解き

水野 恒子

皆様方、ご遠方よりご参詣いただきましてありがとうございます。

このお寺は、刈萱堂往生寺《かるかやどうおうじょうじ》と申しまして、石童丸のお父さん刈萱上人がこのお寺で八十三歳で亡くなっております。当山ではこの二幅の掛軸をかけまして、ご案内申し上げております。わずかなお時間でございますが、最後までどうぞお聞き取りいただきとうございます。

刈萱上人という方は、昔、九州のある城の城主、筑前・筑後・肥後・肥前、六ヶ国のお殿様で、加藤左衛門《かとうさえもん》尉重氏《しげうじ》という方でした。

あるとき、お寺へ奥さんをお連れになりまして、お花見の宴を開かれているわけです。

普通は花びらが散っていくのがあたりまえなんですが、一輪つぼみの花が、お殿様の盃《さかづき》の中に舞い落ちたのをご覧になって、非常に不思議を感じられまして、毎日なに不足なく暮らしているけれども、人間もこの花のつぼみのようにはかないものであると、これからのことを深く思い悩まれまして、世の無常《むじょう》を感じ、そこで館を出て出家なさるわけです。

そして、とうとう比叡山《ひえいざん》に登り、叡空上人《えいくうしょうにん》というお坊さんのもとへ参りまして、ご自分のご事情をお話しいたしますと、上人様快く引き受けていただいて、上人の手、自ら剃髪《ていはつ》し、得度《とくど》していただき、ここで寂照坊等阿法師《じゃくしょうぼうとうあほうし》という名前をいただいて修行の道に入るわけです。

毎日ご修行をしておりますと、お殿様でいらしたときの鎮守神様、筥崎《はこざき》の八幡宮の神様が夢枕《ゆめまくら》に立たれまして、

「あなたは今比叡山で修行をしているけれども、都、黒谷《くろたに》に立派な法然さんというお坊さんが、念仏の修行をしているからそこへ行って修行をしてはいかがか」

という神勅《しんちょく》を下されたわけです。

そして叡空上人からお暇をいただきまして、都は黒谷にまいりまして、法然さんのもとで念仏の修行をはじめるわけです。毎日ご修行に専念《せんねん》しておりますが、お国元に奥さんを残してこられ、旅に出るとき奥様の体内に子供があったわけですが、その子供が成人をすれば、いつかこの自分を訪ねてきやしないかということを恐れられまして、女人禁制《にょにんきんぜい》の高野山に身を隠される旅のお姿でございます。

お国元におりました妻・桂御前さま、そのお腹におりましたお子様が石童丸と名付けられまして十三歳になったわけです。石童丸十四歳の時、母桂御前にお願いになりますには、

「お母様、どうか私にしばらくお暇《ひま》をいただきたい、たとえ、そらうすの身にましましょうとも、ひとたびお父様を探しに旅立たなければ、どうしても人としての道がたちません。どうぞわたくしにお暇をいただきたとうございます」

「ようこそそういってくださいました。わたくしもかねがねそう思っていたけれども、あ

江戸後期の二幅には、往生寺開創の縁起が詳しく描かれている。先代住職夫人の故水野民恵さんの語りには、祭文を思わせるような節回しがあったといい、恒子さんの語りもこれを受け継ぐ独特の味を持っている。

なたがまだ幼少だったため、わたくしの口からは言われなかった。よくぞ言ってくれた」といって、お二人は身支度を整えて、加藤左衛門重氏はご存知ございませんかと、お探しになるわけです。

するとその方は、都、黒谷の法然さんのもとで念仏の修行をしているということを聞かされましたので、京都へ参りました。そこでお伺いいたしますれば、重氏は、もうすでに高野山へ登ってしまわれたと、お二人はお聞きになったわけです。旅を続けながら、高野へと足を向けて参ります。

高野山の麓《ふもと》の、学文路《かむろ》の宿の玉屋という宿屋さんへお着きになりました。長い道中の旅の疲れでございましょうか、ついにお母さんは病の床についてしまわれます。

そこで石童丸は、高野山は女人禁制、女の方が登れなかったために、その館の主人に、お母さんの看病をお願いして、お一人、その山を登って参る決心をしたわけです。

あちらこちら三千坊、隈なくお探しいたしますと、蓮華谷の往生院とところに一人のお坊さんがおられまして、もしお坊さま、わたくしの父方、左衛門重氏をご存知ありませんかと、おたずねになられました。

するとそのお坊さまがはからずも、ご自分が探しておられました父重氏公だったわけですが、

「あなたの探しておられます重氏公は、わたくしと長年ここでご修行をしておりましたけれども、もうとうにこの世を去られて、今はここにはおいでになりません」

とお告げになったわけです。

石童丸は非常に嘆き悲しみまして、この長い旅を続けてきて、またこの山まできて、お父さまのそういう知らせを受けるとはほんとうに情けないことか、そのことを一刻も早くお母さまにお知らせしなきゃならないし、お母さんの身も案じられますので、ひとまず麓の宿に戻って参りますと、昨夜むなしくその宿でお母さまは目を落とされてしまったわけです。

こういう旅の空で、お父さまには母の体内にいるうちにお別れ申し、またかくのごとくお母さまには一夜のご快方をもうさずお別れするとは、なんと情けない自分の身の上であろうと、天にあこがれ地に伏して嘆いておられましたが、いくら嘆かれましてもお母さまは戻ってまいりません。

ご自分はまだ幼少の身でございますので、お母さんの始末ができません。玉屋の主人にお願いし、お母さまの遺体《いたい》を骨にしていただきまして、その骨を背負って再び高野に登ってまいるわけです。そして最初に遭《あ》われました蓮華谷の往生院の御座《ござ》のもとへ参りまして、

「もしお坊さま、わたくしをあなたの弟子にしてください。わたくしも仏門に入って両親の菩提を弔いとうございます」

とお願いになるわけです。

父重氏公は我が子と百も承知でいるんですけれども、名乗りをなさらずに、

「あなたは大家のご子息様であるから、一刻も早く国元に帰って家督相続《かとくそうぞく》をなさるように」

とすすめますが、石童丸は一向に聞き入れず、

「どうかあなたの弟子にしていただきたい」

と、切なるお願いをなさいますので、父重氏公は断りきれず、ご自分の手で、自ら石童丸の

頭を得度してあげて、ここで石童丸は信照坊道念《しんしょうぼうどうねん》というお坊さんの名前をいただいて修行の道に入るわけです。

親子共々、高野山でご修行しておりますが、親子の情というものは、もろいことを感じられ、やはりここにいては修行にならないと思い、お伺いいたしますれば、善光寺如来様は三国伝来の如来様であるから、如来様におすがりして自分の修行場を授けていただこうと、高野山へ石童丸をおいて、善光寺へ逃げていらっしゃる旅のお姿でございます。

善光寺御堂へ参りまして、毎日毎日、日参なされ、どうか自分の修行場を授けていただきたいと、お願いになりますと七日七晩満願のたつ日に、善光寺如来様、この大きな松に御来光になられまして、

「あなたの修行地は善光寺より西北《にしきた》に小高い山がある。その山のふもとにおいて庵を結んで、大往生するように」

と言ってお招きいただきましたところが、当山のこの地だったわけです。

長年ご修行なさっておりますと、善光寺如来様、あるときは一光三尊に御来光いただき、またある時は、三光三尊に御来光いただきまして、

「汝、重氏は、地蔵菩薩の化身であるから、お前は地蔵さんを刻んで残せよ」

という如来様のお告げがあったわけです。

ある時、ご修行の姿をそのまま、水鏡に写してごらんになりますと、とりもなおさず、地蔵菩薩となってあらわれたわけでその地蔵様をお手本といたしまして、一刀三礼と申しまし

て、ひと刻みごとに三回礼拝をされてつくられたお地蔵様、これから皆様に御拝観いただきますが、この御正面の赤い御厨子の中にご安置してございます。

ここで長年ご修行なさいまして、建保二年八月の二十四日、八十三歳で大往生なさっております。大往生なさいました後に、高野にいる石童丸に、

「汝の父重氏は、善光寺の麓において、地蔵菩薩の化身になって大往生した」

というお告げがございましたので、石童丸もまた善光寺往生寺においでになり、当山にお登りいただきまして、生前父方が彫られました、お地蔵様をお手本としてもう一体彫ったのでございます。

親子で一体ずつお彫りになりましたので、これをかるかや親子地蔵尊と申しております。

このお地蔵様を全国のご参詣の皆様に御拝観願っているような次第でございます。

なむあみだぶ

なむあみだぶ

なむあみだぶ

水野 恒子◆みずの つねこ

往生寺住職水野善朝師に嫁ぎ、故水野民恵氏（義母）の絵解きを聞き、その指導もあって約25年前に「苅萱親子御絵伝」の絵解きを始める。新たに自分で工夫した絵解き台本を使い、独特の節回しで口演。寺の縁起・由来を案内し、十念を唱え信仰の大切さを説く。水野善朝師とふたりで長野の絵解きの伝統を絶やさずに続けてきた。ここ数年は恒子氏が絵解きすることが多い。安楽山往生寺（苅萱堂）〒388-8014 長野市西長野往生寺1334 電話 026-232-4349

苅萱親子地蔵尊縁起

「苅萱道心と石童丸」絵解き

竹澤 繁子

独りよく愛河《あいが》を渡って溺《おぼ》れず、高繰《こうそう》今に伝えてその徳を讃《たた》える大道心あり。この尊者《そんじゃ》を念仏行者《ねんぶつぎょうじゃ》苅萱上人《しょうにん》と申さるる。

今から凡《およ》そ八百年ほどの昔、鎌倉時代初期の頃、大筑紫九州博多の守護職に、加藤兵衛尉《ひょうえのじょう》藤原重昌《しげまさ》という武将がおられました。この重昌公、二人となき弓馬の達人で、九州はおろか関東にも知られた豪勇の武将でございます。

もともと博多一帯は、外敵の襲来《しゅうらい》に備えて、豪勇の武士がその任に当たり、沿岸の防御と交易港を守る守護職《しゅごしょく》重昌公は、人望も厚く、領民《くにびと》から大変慕われておりましたが、悩みが一つございました。それは、四十歳を過ぎましたのに、いまだ後嗣《あとつぎ》の子に恵まれず、この上は神仏に頼るしかないと神功皇后《じんぐうこうごう》を祀《まつ》る香椎宮大明神《かしいのみやだいみょうじん》に子授けの願掛けをなさいます。

七日七晩一心に祈願をされ、満願の日の暁、夢枕に一人の翁《おきな》、社殿より現われ給い、「われ香椎宮の使臣なり。今宵博多の東石堂口の、川の畔《ほと》りに至るべし。かのところに温順

にして玉のごとき黒き石あるべし。その石妻に与えなば、必ずや男子授かるべし……」
とあらたかなるお告げがございました。

重昌公大変喜ばれ、早速参り、そこかしこと探されるうち、柳の根本に古びた一体のお地蔵様がおわしました。近寄り見ますと、左のおん手には宝珠ならぬ黒い石を持っていらっしゃる。手に取り見ますと、なんとその石、人肌のごとく温かく艶々《つやつや》と光り輝いているではありませんか。間違いなくお告げの石ならんと恭々《うやうや》しくおしいただき、駒を速めて屋形に持ち帰り、奥方にお与えなさいますと、ほどなく懐妊《かいにん》なされ、明けて正月二十四日、玉のような男子をご出産なさいました。

重昌公はもちろん、領国《くに》中の人々の喜びは例えようもなく、博多の屋形は若君誕生に湧きかえりました。この若君に、霊石の授かりし地の名をいただき、「石童丸」と命名……、この石童丸こそが、後の苅萱上人でございます。

石童丸すくすくと成長し、五歳にして文字を読み、八歳にして宝満山《ほうまんざん》かまど山《やま》の僧坊に入り外典《げてん》を学ぶといい、大変な神童だったようでございます。十五歳で山を下り、父につき弓馬の指南を受けますが、その上達の早いこと、父を凌《しの》ぐほどになり、その天才ぶりを語る次のような挿話（エピソード）がございます。

ある仲秋の日、芦城《あしき》の長者原田種正《たねまさ》の屋形に菊見の宴《えん》に招かれた折でございます。宴たけなわの頃、一頭のあばれ馬が乱入して参りましたが、このあばれ馬、肥後天草の産で何人もの舎人《とねり》を踏み殺した希代の悍馬《かんば》です。あばれ馬は十人もの舎人を引きずり、ドドッと乱入してきました。原田氏はじめ家臣ただただ慌《あわ》てふためき逃げ惑《まど》うばかり……。

見ておりました若君、袴《はかま》の腿裁《ももだち》高くとり、鼻息荒く迫る悍馬に両手を広げて仁王立ち、立

西光寺には、従来から絵解きされてきた江戸前期の絵伝「苅萱道心石堂丸御親子御絵伝」（左・第二幅／絹本）が伝わっていたが、昭和五十八年にこれとは別種の江戸中期の作と思しい御絵伝（右・第一幅／紙本）が偶然発見された。林雅彦氏の協力を得て吟詠劇「石堂丸」の要素を取り入れるなど現代にも聴きやすい絵解きとして台本を練り、同寺の絵解きが復活した。

高野大塔
萱堂
善光寺
黒谷
黒谷

ち上がり掻《か》き込まんとする悍馬の下をかいくぐり、立髪《たてがみ》を取りひらりと跨《また》がり、鐙《あぶみ》を締《し》め鞭《むち》一せん、

「ハイヨーッ」

と屋形の外に駆かけ去って行かれました。

しばらくして戻って来た時は、馴《な》れ馬のごとく甘えるさま、馬は人を見ると申します。これが「若君悪馬に乗る」の名場面でございます。

見ておりました種正は、一人娘の桂子姫《かつらこひめ》の夫はこの若君の外《ほか》なしと、重昌公に申し入れ、ここに縁談整い、苅萱《かるかや》に新屋形を造り、姫を迎えて、名も加藤左衛門重氏《かとうさえもんしげうじ》と改め、幸せな日々を送られました。

ある夜のこと、桂御前《かつらごぜん》の夢枕に翁現われ、短冊を持ち来たり、捧げる和歌《うた》に、

なれて見る砌《みぎり》の松の萬代《よろずよ》を　千度《ちたび》かぞえん鶴の諸声《もろこえ》

とあり、ほどなくして女子が誕生、和歌《うた》にちなんで「千代鶴姫」と命名されました。重氏はじめ原田氏の喜びは一方ならず、重昌公も十七歳の重氏に守護職を譲られ、祝髪《しゅくはつ》されて「退軒入道蓮叟《れんそう》」と名を改め、余生を送っておられました。

それから二年、満つれば欠ける世の習い、父退軒入道、俄《にわか》の病で世を去られ、母上も後を追うかのように亡くなられてしまいます。重氏夫妻や家臣の悲しみは如何《いか》ばかりか。

その悲しみを乗り越え、父に劣らぬ善政を布《し》く重氏は、領民《くにびと》に「苅萱殿」と呼び慕《した》われておられました。

月にむら雲花に風、心のままにならぬこそ浮世に住める習いなれ

ここに若くして九州六カ国の守護職となりました加藤左衛門重氏は、権勢並ぶものなく、正妻の桂御前・二の妻千里《ちさと》御前を両の手に、栄耀栄華《えいようえいが》を極め、吾世《わがよ》の春を謳歌《おうか》する日々でございました。

折しも春は弥生、霞《かすみ》にむせぶ鶯の声ものどかな苅萱の屋形に、二人の妻を両脇に、数多《あまた》の家臣をはべらせて、花見の宴を催された折でございます。

宴もたけなわ、なみなみと注《つ》がれた重氏の大盃に桜花の蕾《つぼみ》が一輪、音もなく落ちて来ました。見上げれば、七重八重《ななえやえ》、今を盛りと咲く花にさえ蕾で落ちる花あるは、花の命のはかなさよ……と、栄耀栄華の夢から醒《さ》め、人の世の常なきことを奔然《ほんぜん》と悟《さと》り、仏門入りを決意されまして、

ましら鳴く深山《みやま》の奥に住み果てて　馴れ行く声や友ときかまし

と一首の和歌《うた》を残し、領国《くに》も妻子も振り捨てて、二十一歳の若さで諸国修行の旅に出られたのでございます。出家の理由を、もう一つには、妻妾《さいしょう》の嫉妬心《しっとしん》を垣間見たからだとも言われております。後に残されました家臣や家族の驚きは如何《いか》ばかりか。その時、千里御前は懐妊《かいにん》されており、月満ちて玉のような男子を御出産、父の御《ご》幼名をいただき「石童丸」と名付け、大切に育てておられました。

歳月は人を待たず、流水のごとく流れて、石童丸十三歳の春、お庭に来るつばめの親子を

見て、父恋しさを募らせ、「虎伏す野辺に座《おわ》すとも一目逢いたや」とせがまれる……。
逢いたい思いは母とても同じこと、風のたよりに仄聞《ほのき》けば、重氏殿は、花の衣を墨染《すみぞめ》の衣に替えて、京は新黒谷の法然上人の許《もと》におわすとか。さらばと母子《おやこ》二人は京へと旅立たれたのでございます。

淀の流れは澄みゆけど、心は難《かた》きに濁《にご》りきて
比良《ひら》の嵐のしみじみと、身にしみ渡る憂《う》き旅路

馴れぬ草鞋《わらじ》の緒擦《おず》れをかばいつつ、ようよう新黒谷に辿《たど》りつかれまして、法然上人を訪《と》い給えば、法然上人申さるる、

「かの者道心堅固《けんご》の行者なり。高野に念仏興《おこ》さんと、今は高野に参らす」

と聞きて、母子はとぼとぼとまたも疲れし御足《みあし》を励まして、高野山麓学文路宿《かむろじゅく》玉屋に着かれたのでございます。

明日は御山《おやま》にと胸躍らせるお二人に、宿の主《あるじ》は無惨にも、高野山は女人禁制《にょにんきんせい》であると教えます。千里御前の驚きはいかばかりか、嘆き悲しむ母を慰《なぐさ》めて、

「私一人で参り、必ず父上を探して戻ります」

と、健気《けなげ》に申す石童丸に、母は無念の思いを託して登らせるのでございました。

これが、母子今生《こんじょう》の別れになろうとは、神ならぬ身には知るよしもなく、心細道ただ一人村過ぎ川渡り谷越えてはるばる登れば、日は入合《いりあい》の不動坂、

「南無大聖《たいせい》の不動尊、父に会わせて下され」

と祈りて、その夜は御堂《みどう》の縁《えん》に臂《ひじ》を枕に笠屏風《かさびょうぶ》。

ほろほろと鳴く山鳥の声きけば　父かとぞ思う母かとぞ思う

一夜明ければ、五更《ごこう》の空も白み行き、はや寺々の暁《あけ》の鐘。峰々谷々僧房七堂伽藍《がらん》の隅まで探せども、父かと思う人もなく、尋ねあぐねてはや四日、

奥の院は無名の橋にとさしかかる……。

折しも、右手《めて》に花桶《はなおけ》、左手《ゆんで》に数珠《じゅず》、弥陀の名号《みょうごう》を称え来る一人の僧あり。石童丸なぜか気にかかり、行き交う二人の、袖と袂《たもと》がもつれ合い、互いに見合わす顔と顔。

石童「もし道心さま、ものをお尋ね申します。私は、この御山《みやま》にて今道心《いまどうしん》となりし父を尋ねて参りし者、お教え下され道心さま」

道心「おう、見れば幼き者の一人旅。いかに若君よ、この御山には、寺々三千余り、二万に及ぶ僧侶あり。今道心のみにてはのう……。されど、袖すり合うも他生《たしょう》の縁とやら……。父上の生国《しょうごく》、お名はなんと申さるる……」

石童「はいっ、父は九州筑前の守護職加藤左衛門重氏にて、私は一子石童丸と申します」

道心「なにっ、石童丸とな……」

聞いた道心、持った花桶《はなおけ》ばったと落とし、石童丸の顔をしげしげと眺め、みるみる涙が溢《あふ》れ頬《ほほ》を伝う。それもそのはず、この道心こそが、石童丸の父上、重氏その人だったからでございます。

石童「これは道心さま、お目に涙が……。もしや道心さまは私の父上さまでは……。父上さまは、左の眉に黒子《ほくろ》が……。道心さまにも黒子が……」

道心「うっ……、いや……、なに……」

と袖でお顔を隠される。
石童「お父上さまでしょう、道心さま。母は千里と申して、麓《ふもと》の学文路で待っております。ご一緒に山を下りて母上に会って下さい……、お父上さま」

道心の袖にすがりつき、無限の思いをこめて口説《くど》く石童丸……。聞く道心の肺腑《はいふ》をえぐり、情愛の涙時雨《しぐれ》となって、重氏の法衣を濡《ぬ》らすのでした。

石童「ねえ、お父上さまでしょう。石童お会いしとうございました。さあ……、母上のおられる、学文路に……」

必死で迫る石童丸に、苅萱道心は、挫《くじ》けそうになる心をようやく取り直し、袖振り払い、

苅萱「私はお前の父ではない。私は、苅萱寂照坊《かるかやじゃくしょうぼう》と申す者。重氏殿は、私によく似た人であったが、去年の秋、長の患《わずら》いで亡くなられてしまったお人じゃ……」

苅萱「あれを見るがいい。あの小松の下の墓が、そなたの父、重氏殿の墓じゃ」

と苦しまぎれに方便をなさる。驚きまじまじと見ておりました石童丸、飛んで行き、墓石にすがりつき、

石童「お父上さま……、情けのうございます。この世に生まれて十三年、ただただ父上さま会いたさに、母子はるばる尋ね参りましたのに、かくあさましきお姿とは……。これなる衣は、姉千代鶴姫が、蓮糸《はすいと》で織った手縫いの袈裟《けさ》……。お召しなされて極楽浄土におわすように。南無阿弥陀仏南無阿弥陀仏……」

と、念仏称《とな》えて墓石に懸かけようとすれば、風もないのにしきりと苅萱の袖や衣にからみつく。見ておりました石童丸、

「あなたは私の父上ではないのですか」

と万感こめて見上げ、わっと泣き伏す。苅萱顔をそむけ、念仏を称《とな》えるばかり。

苅萱独白（不憫《ふびん》やのう。自ら俗世《ぞくせ》の人ならば、私がそなたの父なるぞ……と両手を差し延べ抱《いだ》けるものを……。生者必滅《しょうじゃひつめつ》　会者定離《えしゃじょうり》　本在空《ほんざいくう》　の理《ことわり》を悟りて、修行来しものぞ……。いや迷うまい、迷うまい。たとえこの身が炎に焼き尽くされようとも、仏に誓った身なのだ。許してくれい……）

苅萱「のう、石童丸とやら、嘆くは仏の後生《ごしょう》のためならず。この数珠はそなたの父の形見じゃ。持って行くがいい。千里とか申す母御《ははご》にもあまり嘆かれて体をこわさぬようにとな……。頼り少ない母さまじゃ、大切になっ……」

石童「はいっ、道心さま、ありがとうございました。道心さまがお父上さまであったなら……」

未練げになお袖すがる石童丸を諭《さと》すように、折から響く無情の日暮れの鐘……。

苅萱「さあ……。日暮れも近い。石童丸とやら、体を愛《いと》うてな……。立派な人になりなされよ……。さらばじゃなあ……」

親は子を知り、子は親を知らず。愛《いと》し吾子《わがこ》を前にして、名乗れぬ父の悲しみは、泣いて血を吐くほととぎす。

苅萱「さらばじゃ……」

石童「道心さまあ……」

苅萱「石童丸……」

心を鬼に吾子を帰す苅萱に、またも吹き来る一陣の山時雨《しぐれ》。

御山に心を残しつつ、涙ながらに山を下る石童丸。

不動坂にて宿の主人が、母の危篤《きとく》を知らせんと登ってくるのに出会います。

急ぎお宿に帰った石童丸を持っていたものは、馴れぬ旅路と心労に持病の癪《しゃく》が悪化して、我が子の名を呼びつつ息を引きとったばかりの千里御前でした。

御山では、父の死を……。

帰れば母もあの世に旅立ったとは……。悲しみに涙も涸《か》れ果て、茫然《ぼうぜん》とする石童丸。詮方《せんかた》なく母の野辺の送りをすませ、姉の待つ筑前国に帰れば……、姉上千代鶴姫もこの世の人でなく、三十五日の法要の日であったといいます。

次から次へと重なる肉親の不幸に、天涯孤独《てんがいこどく》となった、幼い石童丸の胸に一筋光明《ひとすじあかり》さすものは、血が情《じょう》を呼ぶと申しましょうか、高野山で会った苅萱道心を懐《なつか》しく思われて、

「そうだ、あの方の御弟子となって、亡き父・母・姉の菩提《ぼだい》を弔《とむ》らおう」

と、心もあらたに再び高野の山へと登るのでございます。

だが、吾子と知っております苅萱は、なかなか許しません。

「あなたのそばで過ごしたいだけです」

とすがる石童丸に、つい負けて弟子となし、「信照坊道念《しんしょうぼうどうねん》」とお名をいただき、父子一堂にありて三十四年、共に修行されておられました。

父と子が一堂にあれば、他と違う細やかな情の通い合うことも多く、人の口の端《は》に上ることもあって、苅萱道心は、善光寺如来のお告げと申されて、信濃国《しなののくに》は善光寺へと旅立たれたのでございます。

苅萱道心は、この里を極楽往生の地と定め、善光寺より南十丁ほどの小高い森に草庵を営み、日々善光寺に参籠《さんろう》なさること十四年、善光寺生身如来《しょうじんにょらい》のお導きで、衆生皆往生《しゅじょうかいおうじょう》安産子育ての祈願をこめ、一刀三礼《さんらい》の地蔵尊を刻まれ、建保《けんぽう》二年八月二十四日、八十三歳にて大往生をされたのでございます。

高野山にて父苅萱道心の往生を悟られました石童丸信照坊道念は、早速信濃に赴《おもむ》かれ、亡き父の遺志を継ぎ、自らも父にならい、一刀三礼の地蔵尊を刻《きざ》まれ、不断念仏に励《はげ》まれて、

建保四年八月二十四日、六十三歳にて往生されたのでございます。

そもそも、このお二人の御上人は、乱世の衆生を救わせ給わんと、弥陀の遣《つか》わし給《たも》うた菩薩の化身にして、常行念仏の偉大な尊者であり、父と子と一体ずつ刻み給うた地蔵尊は、御利益《ごりやく》あらたかなる親子地蔵大菩薩として、当山の御本尊御開帳仏であり、長野市の重要文化財に指定されております。

苅萱上人、石童丸、千里御前の由緒の品々は、当山の寺宝として宝物殿にあり、境内にはお三方の墓もございます。御開基より八百有余年、年移り日変わりても、苅萱上人の御遺徳《ごいとく》により、法灯絶やすことなく、当代住職で五十九世。「苅萱山寂照院西光寺」の由来を物語る御絵伝《ごえでん》のお絵解きをここに説《と》き納め、御参拝の皆々様に御功徳《ごくどく》あらんことを念じて終わらせていただきます。

南無阿弥陀仏

南無阿弥陀仏

竹澤 繁子◆たけざわ しげこ

昭和 50（1975）年頃から耳学問で覚えたという「苅萱道心と石童丸」の絵解きを復活。その後、絵解き研究会の訪問を期に、本格的な絵解きを開始、絵解きの世界を広く一般に知らせた。以後 30 数年にわたって絵解きに携わり、同寺は「絵解きの寺・かるかや山西光寺」として全国に知られるようになった。「十王巡り」「六道地獄絵」なども含め、大学、小中学校などでの口演も多い。刈萱山西光寺 〒380-0826 長野市北石堂町 1398 電話 026-226-8436 ホームページ http://karukayasan.com/

解説

『苅萱親子御絵伝』絵解き
親子の離別悲話と往生の物語

吉原 浩人

苅萱《かるかや》道心と石童丸の物語は、説経節やそれをもとにした歌舞伎などによって、かつての日本人ならば誰もが知っていた話であった。まず、五説経の筆頭に数えられる正本『かるかや』によって、そのあらすじを示そう。

筑後・筑前・肥後・肥前・大隅・薩摩の六箇国を知行する筑前松浦党の総領加藤左衛門重氏《しげうじ》は、花見の宴に無常を感じ、出家遁世の思いを懐いた。三歳の千代鶴姫と懐妊中の妻千里《ちさと》を置いて、比叡山黒谷の法然上人のもとで出家し、出身地名にちなみ苅萱道心と名付けられる。十三年後、妻子への恩愛を断ち切るため、黒谷から高野山に移り、さらに仏道修行に励んでいた。一方、筑紫で生まれた男子は石童丸《いしどうまる》と名付けられ、まだ見ぬ父を慕い、母とともに黒谷に向かうが、法然上人より高野山に登ったと告げられる。

高野山は女人禁制の山であるため、麓の学文路《かむろ》宿玉家《たまや》に母を残し、一人父を探す。すると奥の院の弘法大師御廟から帰る途中の、花籠を持った僧と出会う。この僧こそ苅萱道心であったが、修行の身であるため、父は死んだと逆修のために建てた新しい率塔婆の前に案内する。石童丸は父の死を母に告げるため下山したところ、母は急死していた。苅萱道心とともに母を弔った石童丸は、筑紫に戻ってみると、姉千代鶴姫もこの世の人ではなくなっていた。

再び高野山に登った石童丸は、苅萱道心に弟子入りし、道念房と名を変えて、ともに仏道修行に励んだ。親子の名乗りをしないまま月日を経たが、真実の親子ではないのかとの風聞により、苅萱道心は信濃善光寺の奥の御堂に修行の場を移した。

その後苅萱道心は、八十三歳の八月十五日に往生を遂げたが、同日同時刻に高野山で道念房も六十三歳で往生し、弥陀の浄土で親子の名乗りをあげたという。これが、信濃国善光寺の左脇に親子地蔵菩薩として祀られる霊像の由来である。

苅萱道心と石童丸の物語は、説経節やそれをもとにした歌舞伎などによって、かつての日本人ならば誰もが知っていた話であった。

安楽山往生寺（苅萱堂）本堂（右上）と、掲げられ奉納額（右下）。奉納者の記載などに、善光寺参拝の隆盛を受けて江戸時代には多くの参拝者が全国から訪れた足跡が伺える。

以上は、説経正本をもとにした要約で、現在絵解きされる内容と若干異なる部分もあるが、親子の生き別れとその出会い、相次ぐ母娘の死、名乗らぬままに修行を重ねる親子など、各所で聴衆の涙を誘う物語は、広く人口に膾炙し、また浄瑠璃や歌舞伎などに形を変えて、江戸時代から昭和初年まで多大なる人気を博していた。

苅萱親子ゆかりの寺院で、現在絵解きを行っているのは、以下の四箇寺である。

和歌山県伊都郡高野町高野山　密厳院苅萱堂
愛知県稲沢市祖父江町　刈萱寺
長野県長野市往生地　往生寺
長野県長野市北石堂町　西光寺

高野山苅萱堂は、高野山真言宗密厳院を本院として、苅萱道心・石童丸が修行したという伝承を持つ。現在は額絵が掲げられており、参詣者は堂内を一周しながら絵解きを聴聞することができる。なお、高野山麓の橋本市学文路にある高野山真言宗西光寺が管理する苅萱堂には、親子地蔵や千里の墓があり、苅萱道心・石童丸ゆかりの

左上：刈萱山西光寺本堂、左下：西光寺境内にある苅萱親子の銅像。右上：西光寺、竹澤環江さんによる六道地獄絵の絵解き風景。毎年お盆前のお花市口演は善光寺表参道の風物詩となっている。

遺品などは和歌山県有形民俗文化財に指定されている。

刈萱寺は単立寺院で、善光寺東海別院（祖父江善光寺）創建に尽力した諦住上人が、昭和九年、長野市往生寺から親子地蔵尊を迎え、尾張の刈萱堂として創建した。

長野市善光寺の周辺には、苅萱道心と石童丸がそれぞれに刻んだ親子地蔵を祀る寺が二箇寺ある。ともに浄土宗の往生寺と西光寺で、それぞれに独自の絵解きが伝えられている。

今回口演していただくお二方のうち、水野恒子さんは往生寺住職水野善朝師夫人である。往生寺は善光寺左手の高台にあり、江戸後期の『苅萱親子御絵伝』二幅には、この往生寺開創の縁起をも詳しく描かれている。先代住職夫人の故水野民恵さんの語りには、祭文を思わせるような節回しがあったといい、恒子さんの語りもこれを受け継ぐ独特の味を持っている。

もうお一方は、西光寺住職竹澤俊雄師夫人の竹澤繁子さんである。西光寺は長野駅近くの善光寺参道右側にあり、江戸前期の『苅萱道心石童丸御親子御絵伝』一幅を伝えている。近年、宝物調査中に江戸中期の絵伝一幅が見出されたが、いずれも物語が完結していない。現在では、

「昭和40年代末に絵解きという仏教芸能があるということを知り、夢中になって勉強しました。」と竹澤繁子さんは『絵解きして三十年』に綴っている。

刈萱山西光寺の本尊、親子地蔵尊。長野市の文化財に指定されている。

この二幅を併せ掲げて、物語の前後の展開を工夫しながら絵解きされている。

先代住職故竹澤道雄師は、抑揚ある名口調で絵解きされたというが、繁子さんは優しくかつ丁寧に物語ることで、新たな絵解きの伝統を作り出した。副住職竹澤信宏師夫人の環江さんも、子供向けの紙芝居の台本を作成するなど、絵解き口演でも積極的に活躍されている。

なお市販DVDには、竹澤繁子口演『苅萱親子地蔵尊縁起苅萱道心と石童丸』（方丈堂出版）がある。

よしはら・ひろと◆早稲田大学文学学術院教授

参考文献

室木弥太郎校注『説経集』（新潮社　一九七七・一）
林雅彦編『絵解き万華鏡　聖と俗のイマジネーション』（三一書房　一九九三・七）
林雅彦他編『語り紡ぐ絵解きのふるさと・信濃（台本集）』（笠間書院　二〇〇〇・四）
林雅彦編『「日本の絵解き」サミット　山岳霊場と絵解き』（人間文化研究機構連携研究「日本とユーラシア：交流と表象」「唱導文化の比較研究」班　二〇〇六・三）
久野俊彦『絵解きと縁起のフォークロア』（森話社　二〇〇九・一〇）

ミニコラム　わたしと絵解き

縁起の受けとめ方

◆水野恒子

（絵解きで）縁起を解くというと、縁起を語る人と、それを聴聞する人々との二つに分かれる。そのいずれの側に立つか、時と場合によって異なる。

前者に立つ時、その人はできるだけ詳しく、聞く人にわかり易く語ろうとする。そのため原本にないことも自分で創作してまで語ろうとする。聞く側はそんなことは知らない。その知らない人が次の知らない人に語る時に、常に正しく伝えるとは限らない。その人がさらに勝手に付け加えるかもしれないし、また逆に省略して語るかもしれない。

このようにした積み重ねによって縁起というものが、玉石混交してひとり歩きする危険を持つ。この事は語る側も聞く側も注意せねばならない。

よく人は、何のために生きなければならぬのかと悩む。生まれてきた以上一度は死なねばならぬことは承知している。しかも、死は誰にでも訪れる。唯、何時何処でどのように死ぬかはわからない。しかも生まれるのも死ぬのも自分自身のことでありながら自分ではできない。

生死一大事という。生まれる時は親の手に、死ぬ時は子供の手に頼らねばならぬのが原則だが、これとて自分の意のままにならない。

事故、病気などが待ち構えている。これらの非常に備え得る習慣を身につけることが大切なのだ。その心構えの中身を教えるために縁起が用意されている。

すなわち自分の行為がどんな風にして自分に跳ね返ってくるかを知るために役立てねばならない。善因善果、悪因悪果とは限らない。

この世とは非常なもの。その非常さは自分自身でかぶることが取りもなおさず謙虚さと尊敬の魂である。

その声の表現の一言が「ありがとう」であり「ナムアミダ仏」の念仏である。縁起は迷える人々の歩く道に音を響かせ、光を注ぐものなのです。

みずの・つねこ◆安楽山往生寺住職夫人

ミニコラム わたしと絵解き

注釈・意味づけとしての絵解き

◆久野俊彦

サントリー美術館の『徒然草　美術で楽しむ古典文学』展で、海北友雪筆『徒然草絵巻』全二十巻（十七世紀後半）を見てきた。

『徒然草』全段の語りに、色や形を与えている。これは『徒然草』への絵画による注釈である。絵解きはこれとは逆に、絵画への語りによる注釈であるが、その絵画はすでに物語への注釈として成立している。このように、物語・絵画・絵解きは円環的な注釈関係として存在している。語りをさらに具現化すれば、モノ（事物）となってたち現れ、宝物などのモノを語ることもエトキといった。カタリは口頭での語りとともに、具体性・虚構性が増幅し、あやしい面もあわせもつ。寺社・神仏の縁起語り、絵伝の図像の絵解き、宝物・事物の由来語り、これらは広い意味での注釈であり、意味付けである。伝説は事物や土地への注釈である。人々は物事に注釈をほどこすことで物を語り、自己と物との関りを意味づけてきた。

三十二年前の一九八二年夏に、長野市の西光寺・往生寺の苅萱物語の絵解きを聞き、私は絵解きにはじめて出あった。それから絵解きの調査と研究を続けてきた。見おぼえぬ父をたずねあるき、父とおぼしき苅萱道心に導かれた石童丸の絵解きを聞くたびに、やはり父の顔の記憶がない私は、学問の上で取り得る道を意味づけられてきた。

私の絵解き研究は、現在の事象の分析から過去に遡り、そこからその変遷をたどり、現在における意味を明らかにするという民俗学の方法によって絵解きを研究しようとするものである。私はこれを『絵解きと縁起のフォークロア』にまとめ、これによって本年、博士（文学）の学位を得ることができた。絵解きは自分自身を注釈し意味づけることでもあった。

物語（文字）・絵画・語り（音声）が出あうところ（場）に絵解きが成立する。古くからの絵解きだけでなく、新しく始められた絵解きも、これからの研究の対象となり、意味づけられてゆくだろう。

ひさの・としひこ◆東洋大学文学部非常勤講師

「枕石山《ちんせきざん》願法寺略縁起絵伝」絵解き

日野 多慶子

此れなる一軸は、枕石山願法寺略縁起絵伝、御讃儀は御伝鈔上巻第八段目、鷹司関白普照院殿の御筆なり。御裏の儀は、善知識無上覚院殿の御成替、雲間細画讃談雪降りの模様は、霜月二十七日の暮れ六ツ時、此の段は夜の五ツ時、此の段は夜の九ツ時、此の段は二十八日明六ツ時、此の段は極月一日の態相なり。

此れなる御絵相の儀は、只今縁起において、くわしく、くわしく絵指に及べば、何れも何れも聖人御在世、越後関東の御化導に只今じきじきにもう会い奉るよと存ぜられ、御縁起を拝聴あって、御苦労の御真影へ拝礼を遂げられましょうぞ。

それ信濃国水内郡柳原庄、太田郷荒井村、二十四輩第十五番大法城枕石山無量寿院六神護法本願勅賜院跡願法寺儀は、御伝鈔上巻第八段目、御絵伝二幅目の終わりに顕し給う面授口決の御弟子、入西房道円上人は当山の開基なり。

俗姓は日野左大将頼秀の孫、正二位大納言頼国の長子、左衛門尉頼秋と申して、保元・平治の乱に故ありて、常陸国久慈郡大門の里に隠士の身として流浪して住けり。然るに、人皇八十四代順徳院の御宇、大師御年四十歳、建暦二年壬申十一月、下間蓮位房の願いによって、越後国より常陸国へ衆生済度に越え給う。

各々気を留めて拝礼。

此れなる門構えの図は、伝え聞く、常陸国久慈郡大門里、日野左衛門が館構え、此方に拝まれ給うは我が祖聖人四十歳、菅のお笠に布のお衣、蒲の脛巾に紫竹の杖、ごんずわらじを召させられ、笈を荷なわせ給う。此方は御本山御家老の先祖下間蓮位房、此方は当国塩崎康楽寺の開基、西仏房なり。

右二人の御弟子は御聖教を背に荷なわせられ、聖人の御供《おんとも》をして雨や雪、みぞれのいといもなく谷に下り峠に上り、称名もろとも衆生済度の御歩行の御旅姿なり。最早日も暮れ間に及べば、御三人ながら足を速めて左衛門の館に入らせられ、御開山な両手をついて、いとねんごろに一夜の宿を乞い給いけるに、左衛門頼秋、元より邪険なる者ゆえ御宿貸し奉らず。

聖人曰く

「情け無しとよ主、日はすでに暮れ間に及ぶなり。他に宿借る家も無し。内にかなわずば縁のはし、雨落ちなりともくるしからず。旅は道連れ世は情け、たった一夜の事じゃほどに」としいて乞い給いければ、主大いに怒り、大の眼に角をたて、悪口雑言をはきちらし、

「出家沙門の身は石上樹下がおのが住処と聞き及ぶ。しかるに宿ならぬと言うに、強いて

宿借る奴はくせ者ならん」と、

「己そこを退かずんば、その分には置くべきや」と、持ったる杖を振り上げて笈もくだけよと荒けなく打ち奉るにぞ、聖人の笈仏の阿弥陀如来の御手をポッキと打ち損じけるに、聖人此の音骨身にこたえさせられ、

「やれやれ恐ろしや、無宿善なる者には力及ばず」

とて、急ぎ門外さして逃れ出でては見給えども、頃、霜月のことなれば、雪はかきこぼすがごとく、遥か向こうを透し見給えども、しんしんとして山深く、ことに二十七日の晩な闇の夜にて、人の通い路も見えわかず、後に帰らんにも宿貸す家もなければ、しばしが程は雪の中に立たせられ、

「ああ先方つきたり」

ややあって曰く、

「無量永劫《ようごう》がその間、八寒の氷に閉じられるべき此の親鸞が身なれども、この度というこの度は迷いの打ち止めと思えば、娑婆の雪はものの数にはないものをとて、是非に及ばん事をかな、今宵一夜はここに明さんものを」

と曰えて、降り積る雪をかき分けさせられ、石をたずねて枕とし給えしに、折りしも寒風はげしく西風とうとうと吹いて、聖人の御懐に入りければ、とりあえず一首の御詠歌に

寒くとも袂に入れよ西の風　弥陀の国より吹くと思へば

南無阿弥陀仏、南無阿弥陀仏

と休ませ給う。

この夜、左衛門不思議なる夢を見る。化憎一人こつねんとして枕のもとに顕れ給い、

「汝知らずや、今宵門外に宿らせ給うは、西方安楽能化弥陀如来の御化身なり。急ぎ屈請して未来の要津を求めよ。我はこれ、汝が護守する観世音なり」

と云々。左衛門夢さめ、頭をあげければ、門前光明赫やくとして、称名の声遥かに聞こえるに、さては真夢ならんと走り出て見奉るに、あら痛ましや、聖人な雪を褥に石を枕に臥し給う。

左衛門深く驚き、さてさて唯人ならざりし貴男を追い出し奉る罪のほどこそ恐ろしけれど、罪科を悔いて御招待申し上げければ、聖人な雪の中より起き上がらせ給い、

「やれやれ嬉しやな、無宿善なる者済度の時至れり」

と左衛門が館に入らせられ、はや、御草鞋の紐解く間遅しと、弥陀超世の本願末世相応の要法を示し、悪人・女人の往生の御いわれを御丁寧に御化導ましましかば、左衛門夫婦の者より、十二歳、七歳に至る稚児までも廻心懺悔の心を起こし、歓喜勇躍の涙を流し、瑞喜のあまり御弟子とならん事を乞いければ、すなわち御弟子となし、法名を入西房釈の道円と給う。此方は当山の開基なり。

しかるに、おちこちの男女老若、我も我もと御化導をこうむる輩、風に草木がなびくがごとく門前市を成しければ、その時御開山のおおせに、古《いにしえ》京都六角堂、求世観世音菩薩の夢のお告げも今こそ符合せりと、弥陀超世の本願繁盛の奇瑞なりと、深く御満足御喜びの態相なり。

最早この段に至れば、極月一日になりければ、聖人今ははや暇申すなりと曰く、入西房夫婦の者は、雨霰と涙を流し、お別れを深く悲しむ故、愚禿が身、名利勝他を求めるにはあらねども、我なき後の形見を残さんものをとて、自ら御首《みぐし》ばかりを刻ませられ、

面影を世々に残してひたすらに　弥陀にかしづく頼りともなれ

と一首の御詠歌と共に下し給う。入西房御返歌、

かしこまる袖は涙におおわれて　心よりまず伏し拝むなり

と、悲喜の涙と共に御安置申し上げけり。

その後、正安元年、二代目善知識如信上人当山に御参詣ましまして、御自作の御真影に拝礼をとげさせられ、古《いにしえ》雪を褥に石を枕の御苦労を思い出し、御涙に御衣《みけし》を絞らせられ、報恩の為にとて、自ら御尊体を刻み添い給うが故に、世に枕石の御真影と称し奉る。

ただ今、御見とうなれば、八百有余年前の御開山直々の御対顔じゃと存ぜられ、称名もろとも謹んで拝礼。

今日の我々でも寒中外で寝られようか。我が家に寝るさえにも寝巻、布団が薄くては、一夜の夜さえ明かしかねるというに、聖人誰あろうぞや、錦の褥の上で寝起きしたもう御身の

上が、衆生済度の為なればとて、日野左衛門という邪険なる者に追い出され、雪を褥に石を枕の御苦労、その日野左衛門がよそ外《ほか》の者とおぼし召すべからず、お互いの心の内が同じく日野左衛門じゃと存ぜられ、報恩の称名もろとも御苦労の御尊形へ謹んで拝礼。

この御苦労があればこそ、今日こうして膝付き合わせ、御座《おざ》参りの身の上にて、何時《なんどき》命が終わろうとも間違いのないお待ちもうけのお浄土へ往生させて頂き、正定不退の仏果とは、何たるこの身の幸せぞと存ぜられ、称名もろとも謹んで拝礼。

南無阿弥陀仏

南無阿弥陀仏

南無阿弥陀仏

日野 多慶子◆ひの たけこ

願法寺住職夫人。願法寺略縁起の絵解きは、江戸中期より代々継承され、全国各地での出開帳の場でも行われてきた。太平洋戦争により一時中断したが 1992 年頃、父親の先代院主から口伝で学んできた文語体の絵解き口演を復活、現在にいたる。1999年 6 月、町無形文化財に指定。全国各地に出向いての口演も多く、また、村内外から多くの人々がこの寺を訪れている。 枕石山願法寺 〒389-1221 上水内郡飯綱町古町 777 電話 026-253-3365

『枕石山願法寺略縁起絵伝』第一幅　第二幅　枕石山願法寺蔵

江戸時代の『枕石山願法寺略縁起絵伝』（右・第一幅）は、飯綱町文化財に指定されている。『信濃三勝図』（左・第二幅）の両軸とも繊細な描画で、『信濃三勝図』は下半分が願法寺境内曼荼羅、上部には親鸞聖人とも縁の深い信仰の地、善光寺と戸隠が描かれている。

枕辞にかゝる
み吉野はうけ
き國候哉
石のよけれ
い花も
み吉野は
我等入の
か君に
申とも
中々も
み吉野は
師のうら
帰くれ
待たる
若葉
ないな
朗徳画

解説

『枕石山願法寺略縁起絵伝』絵解き

親鸞聖人に帰依した入西房出家の由来

吉原 浩人

枕石山願法寺は、長野県上水内郡飯綱町（旧牟礼村）にあり、真宗大谷派に属する。願法寺は、茨城県常陸太田市上河合町にある二十四輩寺院第十五番大門山枕石寺から分流した寺で、入西房道円を開基とする共通した縁起を持つ。その縁起は、以下の通りであるが、固有名詞の表記などは願法寺に伝来する縁起に従った。

親鸞は、下間《しもつま》の蓮位房の願いにより、流罪を赦免された越後から都に戻らずに、常陸を巡錫していた。建暦二年（一二一二）十一月、親鸞は蓮位と西仏の二弟子を従え、常陸国久慈郡大門の里にたどりついた。ここに館を構える日野左衛門尉頼秋は、都の貴顕の出自であるが、故あってこの里に流浪していた。親鸞は雪の激しく降る中、一夜の宿を頼秋に乞うたが、冷たく断られ追い出されてしまった。すると親鸞は、

寒くともたもとに入れよ西の風
弥陀の国より吹くと思へば

と詠んで、門外の石を枕に身を横たえた。その夜、頼秋は門外に宿るのは阿弥陀如来の化身だとの霊夢を見たため、自らの罪科を悔いて、親鸞一行を招き入れた。親鸞に心服した頼秋はその弟子となり、名を入西房道円と改め、邸宅を枕石寺と名付けたという。

枕石寺には、枕として休んだ石に、親鸞が「大心海」の三文字を書いたという石が現存し、年に一度十一月二十六日に開帳されている。また掛幅の『枕石寺御絵伝』を蔵しており、万延二年には水戸大門山より『親鸞聖人枕石寺伝絵鈔』二巻が印行されている。大正五年の倉田百三『出家とその弟子』は、この縁起をもとにした戯曲で、当時の青年に大きな影響を与えたことで知られる。

牟礼の願法寺においては、江戸時代の『枕石山願法寺略縁起絵伝』を有しており、『信濃三勝図』とともに、「絵

新潟・名古屋・東京などの各地で出開帳を行い絵伝の絵解きを行ったという先代住職の口調が伝承され、古風な絵解きの場が復活した。（寺外での口演風景）

山間にあって風雅な趣の境内。

枕石山願法寺本堂（上）と、木造親鸞聖人像（右）

解き用具一式」として飯綱町指定無形文化財附に指定されている。

今回この『枕石山願法寺略縁起絵伝』を口演していただくのは、願法寺の日野多慶子坊守である。多慶子坊守は、現住職の日野秀静師夫人であるが、先代住職日野法尊（登）師の長女でもある。法尊師は、戦前から戦後にかけて、新潟・名古屋・東京などの各地で出開帳を行い、絵伝の絵解きを行ったという。絵解きはしばらく途絶えていたが、多慶子坊守が古風な絵解きを復活させ、法尊師の口調を現代に伝えているのである。

よしはら・ひろと◆早稲田大学文学学術院教授

参考文献

伝承文学資料集成第十五輯『宗祖高僧絵伝（絵解き）集』（三弥井書店　一九九六・五）
林雅彦他編『語り紡ぐ　絵解きのふるさと・信濃（台本集）』（笠間書院　二〇〇〇・四）

ミニコラム わたしと絵解き

つまらぬ説教より……

◆平久江剛志

僧侶と一般の人で「お布施」について論議をしたことがあった。僧侶の人々は「お布施」は「葬儀・法要」に対しての「謝礼」や「報酬（労働対価）」ではないという事であった。そこで当時葬儀屋の社長として「お布施とは読経や説教に対する、不当に高い（おひねり）でしかない」といって、大いに顰蹙を買った経験がある。とは言うものの、立場を変えて僧侶になった今でも、その考えに変化はない。自分自身を含めて「僧侶」の「説教」の「つまらなさ」は半端ではない。葬儀屋時代に聞いた「説教」で「面白い」と思ったことはただの一度も無かったし、自分の「説教」も「面白くない」ことは重々承知である。

「節談説教」という「落語・浪曲」のルーツとされる伝統話芸が浄土系の宗派に在った。在ったという事は、今は無い、或いは消滅寸前という事である。何故そうなったのかは、明治以降の近代化という風潮に添って「面白い」事よりも「宗論」として真面目な事が優先して、俗受けする「節談説教」なんぞ、という宗門の意向が、伝統話芸である「節談説教」を消滅させると共に、ファンの「信者」までをも追放してしまったのである。「絵解き」は「節談説教」からの流れを引いているという。その意味では、消滅に向かって…。

この話は此処で止めておく。今回の「絵解き」は、七五調を交えた伝統的な「説教」から、俗受けを狙った「説教」まで、説教師は多士済々のようで、今から拝聴が楽しみである。

最後にこの会の代表「林雅彦」について、当該研究の大先達者である「故・関山和夫先生」が『仏教と民間芸能』（一九八六・白水社刊）にて、以下の様に記している。「絵解きに関する学術的な研究論文は相当数発表されているが、林雅彦氏の『日本の絵解き―資料と研究―』（一九七四・三弥井書店）が好著である」。現在この本は稀覯本扱で入手困難、当然に高価格であることを断りつつ「書名」のみの紹介、ご参考までに。

ひらくえ・たけし◆志聖会代表・僧侶

ミニコラム わたしと絵解き

井波・瑞泉寺の太子伝会の思い出

◆上島敏昭

もう三〇年ぐらい前、富山県井波（現南砺市井波）、瑞泉寺の太子伝会を訪ねた。聖徳太子の生涯を描いた絵伝を九日間かけて絵解きする行事である。七月末の、暑い盛り。長い石畳の坂道を、汗をふきふき登り切ったところが瑞泉寺で、城のように厳しいこの寺の、数百畳敷きの本堂で絵解きは行われていた。

畳二枚を縦につないだような巨大な絵が八枚、正面にずらりと並んでおり、そのうち一枚を傍らに立った僧侶が解いている。聴聞しているのは数百人の善男善女で、私もそこに加わった。本堂は天井が高く、三方の板戸が開け放してあるので、風がわたって、気持ちがよい。最高の昼寝の条件で、中には本当に寝そべって聴いている人もいた。大汗をかいて坂を登ってきた私もいつのまにか意識が遠のく。そのうち、フッと意識がもどると、ナンマンダブ、ナンマンダブ……と聴衆みながお念仏を唱えていた。絵解きが佳境に入ったのだ。さきほど寝そべっていた人たちも、いまはきちん正座して手を合わせ、お念仏を唱えている。

このゆる～い信仰心がうれしい。やがてお念仏に包まれて絵解きが終わる。と、すかさず木魚の音とお経の声が入った。それに煽られてお念仏の声は更に高まる。たちまち念仏とお経と木魚の音が入りまじり、うねって、本堂に充満した。

そのなかで、秘仏のご開扉が告げられた。聴衆はどよめく。太子二歳の秘仏を納めたお厨子は正面中央の奥にある。絵解きの絵の大きさに較べ、こちらは数十センチと対照的に小さい。聴衆は少しでも近くで拝見しようとお厨子の周りにズズッと集まってくる。お厨子の扉がゆっくり開き、太子のお姿が微かにうかがえると、お念仏はほとんど熱狂に変わっていた。

しばらくして扉がゆっくりと閉じるとホーッとため息がもれる。するとどこから出てきたのか大きなザルがあちこちから廻ってきた。皆、お財布を出して、百円玉を何枚も、あるいは千円札をその中に拝みながら入れていく。絵解きは伝統行事というだけでなく、立派な経済活動でもあった。善男善女の満足しきった顔と硬貨とお札で底が抜けるほどに軋んだザルが、矛盾なく両立する光景はいまでも忘れられない。

かみしま・としあき◆浅草雑芸団代表

「善光寺如来絵伝」絵解き

林　麻子

ただいまより三国伝来善光寺如来様の御絵解きを申し上げます。

（讃題）そもそも信濃の国は善光寺のご本尊、一光三尊の阿弥陀如来様御出現の始まりを伺い奉る。事の起こりは、かたじけなくも大聖釈迦牟尼如来様、これを経中に説き給へり。その経を『請観世音菩薩消伏毒害陀羅尼呪経《しょうかんぜおんぼさつしょうぶくどくがいだらにじゅきょう》』と申し奉るなり。

（詞）ただいま申し上げましたこの『請観世音菩薩消伏毒害陀羅尼呪経』というお経は、お釈迦様が存命中に善光寺如来様のことについてくわしく書かれたお経であります。善光寺如来様がこの世に御出現になった始まりから、天竺（インド）、百済（朝鮮）、そして、わが国にお渡りになりましたまでのその肝心なところを抜きいだいて絵に致しましたものが、ここに掲げてありますところのおかけじ（掛け軸）でございます。このおかけじについてお取次ぎ申し上げます。

（節）その昔、お釈迦様におかれましては、天竺は毘舎利国《びしゃりこく》、大林精舎《だいりんしょうじゃ》にましまして

千二百五十人の大阿羅漢らに御説法まします折から、同じ国には月蓋《がっかい》大長者有り。月蓋長者が天子様の代りをなし、他の五百人の長者と心をあわせて国のまつりごとをつかさどるゆえ、月蓋長者の富貴《ふっき》自在なることは、他の長者の及ばざる程なり。その月蓋に、年五十一歳にして儲けし如是姫《にょぜひめ》という娘あり。この如是姫の姿形の麗しいことは、春の花に露を含み、青柳の風になびく如き、もれ出づる月の面影の如く、言葉では言うに言われぬ美人ゆえ、月蓋長者の寵愛は限りなきこと、ただ手の中の玉の如し。その娘が言うことなれば、千金を費やすとも、人のためにということなれば、口より舌を出すもいや、袖より手を出すもいや、という如き慳貪邪険《けんどんじゃけん》な者なれば、お釈迦様が大林精舎において御説法ましますといえども、お参りするが如き事は、暁の夢にも知らぬという者なり。

かくて、毘舎利国中の人々は、月蓋長者に見習いてますます心慳貪邪険となり、それがため、邪気満ち満ちて、ついには悪鬼邪神が国中に五種の温病《うんびょう》という悪疫をもたらし、国中の人々はおろか、無知なる牛馬に至るまで、この病いに罹り苦しむ姿は哀れなり。如是姫が十三歳の秋のころ、この病に罹り、日ごと夜ごと苦しむ姿は哀れというもまた愚かなり。月蓋長者は、薬や療治や祈念祈祷を致されても、さらにその効能もなく、最後に名医耆婆《ぎば》がさじを投げて申すようには、

「この病気は体から出でたるところの病気ではございません。心が慳貪邪険ゆえ出でたるところの病いゆえ私では治すことはできません。」

と申される。如是姫は朝より夕と弱りいき、命はさながら風前の灯というありさまに、他の長者たちが声を揃えて申すようには、

「この病、医薬や神力の及ぶところにあらず。この上は手をこまねいて終わりを見んよりは、大林精舎にましますところのお釈迦様のもとへ赴き、如是姫の御救済をお願い致されよ。」

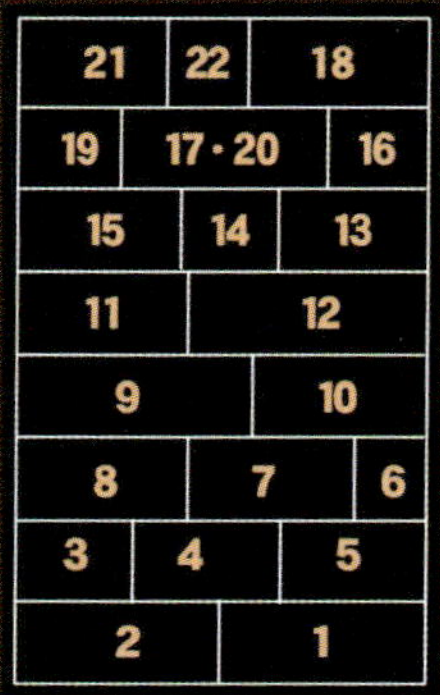

『善光寺如来絵伝』
第一幅

祖父江善光寺東海別院蔵

第二幅

4 月蓋、大林精舎に詣ず

5 月蓋、63歳で仏に帰依

6 月蓋、西方に向かって祈願

7 如来、疫病を消滅

8 月蓋、如来を留めんとす

9 目蓮、龍宮で閻浮檀金を求む

と申さるる。

月蓋長者は、ようようのことで年は六十三歳にして初めて大林精舎のお釈迦様御説法の道場へご参拝あそばさるる。お釈迦様の御前に詣で合掌礼拝して申しけるさまには、

「この頃我が毘舎利国に、大悪病にて死する者数知らず。天下の名医耆婆といえども手を尽くすことあたわず。その中に我が娘この悪病に苦しみ、その命は草の上の朝の露よりも危うく、乞い願わくば、如来様平等のお慈悲をもって、わが国の五種温病を救わせたまえ。」

と御願い申し上ぐれば、お釈迦様が月蓋長者に告げたまわく、

「汝これより館に立ち帰り、香華灯明供養して手を洗い口を注ぎ、西に向かって南無阿弥陀仏と一心専念して唱えたならば、病人は、たちどころに全快いたすぞよ。」と。

(詞) 館に立ち帰りました月蓋は、お釈迦様のお教えのとおり、花を供え灯明をともし手を洗って口を注ぎ、西に向かって

「南無阿弥陀仏・南無阿弥陀仏」

と一心に唱えたのであります。そう致しますと、月蓋長者の頭上に阿弥陀如来様が御立ちあそばされました。真ん中に、ひときわ高く阿弥陀如来様、向かって右側に観音菩薩様、向かって左に勢至菩薩様、いわゆる一光三尊阿弥陀如来様のお姿となって現れあそばされたのでございます。

(節) さて、この一光三尊阿弥陀如来様は、大光明を放ちて毘舎利国中を照らし給えば、山川草木に至るまでことごとく金色となり照り輝きければ、国中に充満せる悪鬼邪神も、大光明に照らされて力を失い、ちりぢりに逃げ去りければ、万死一生の如是姫をはじめ、毘舎利

国中の病める人々、たちどころに全快いたすなり。

（詞）月蓋長者はたいそう喜び、「これ程に尊い御仏をこの地にお留めしたい。」と、再びお釈迦様の元へ御願いすべくご参拝あそばされる。

（節）これを聞かれたお釈迦様は、

「それでは、竜宮城にある閻浮檀金《えんぶだごん》という黄金で鋳《い》うつすがよかろうぞよ。我が弟子の神通力第一の目連尊者《もくれんそんじゃ》を竜宮城へ遣わして、閻浮檀金を取り寄せてやる程に、心配致するなよ。」

との御勅命。早、目連尊者はお釈迦様の勅命をこうむって、竜宮城へお越しあそばされ、娑伽羅龍王《しゃがらりゅうおう》にご面会なされ、御勅命の次第を申し上ぐれば、龍王快く閻浮檀金をお渡し下さるる。

（詞）目連尊者は閻浮檀金をお釈迦様の元へお持ち帰りになり月蓋長者にお授けになりました。

（節）月蓋長者は、閻浮檀金を我が館へ持ち帰り、お釈迦様をご招待申し上げ奉り、お釈迦様は極楽世界の阿弥陀如来様をご招待申し上げる。かくて、お釈迦様は、暫く大地を離れて空にお上がりましまさば、尊くも阿弥陀如来様とお釈迦様と並んでお立ちになり、お二人の眉間の白毫《びゃくごう》より光明赫奕《かくやく》と閻浮檀金をお照らしあそばされたなら、不思議なるかなや、閻浮檀金はおのずと溶けて、一光三尊の阿弥陀様の御姿におなりあそばさる。

（詞）とりもなおさず、信州は信濃国善光寺のご本尊、一光三尊の阿弥陀如来様御出現の次

11 如来、漢土に降臨

12 本仏・新仏、西方に飛び去る

13 新仏（以下如来）、百済より日本へ

14 如来、難波の浦に着く

15 聖明王、如来を奉る

16 稲目、如来を拝す

第でございます。後に信州の善光寺のご本堂にご安置申し奉るところの一光三尊阿弥陀如来様は、その昔インドにおいて、お釈迦様と極楽世界の教主阿弥陀様との御光明の御照しによって、閻浮檀金という黄金が自然に溶けて、湯のように吹き上がりできた仏様でありまして、その仏様はインドから朝鮮へ、朝鮮から日本へと三国に伝来してまいりました尊い仏様でございます。

（節）御出現ましました阿弥陀如来様を、月蓋長者は生まれ変わり死に変わりして御給仕申し上げること、天竺においては五百有余年。その後、阿弥陀如来様は虚空をお飛びあそばして、朝鮮は百済の国へと御渡りあそばされ、百済国に御とどまりあそばした年数が千二百有余年。その当時の御天子様は、第二十五代聖明王《せいめいおう》と申すなり。これまさしく月蓋長者の生まれ変わりし姿なり。ひとえに阿弥陀如来様との不可思議なる仏縁ぞかし。かくて、如来様の済度し給う衆生は幾千万人と言いて、いよいよ仏法興隆なること限りなし。ある日のこと、阿弥陀如来様よりのご勅命あり。

「我この土《ち》において衆生済度する因縁が尽きた程に、我を守りて東の国であるところの日本の国へ送り届けてくれよかし。」

（詞）聖明王をはじめ百済の民はみな、阿弥陀如来様にお留まり願いたかったのですが、如来様のお言葉であります。やむをえず、如来様を船にお移し申して、日本にお送りすることになりました。如来様のお乗りになった船は、つつがなく日本国は摂州難波《せっしゅうなにわ》の浦にお着きあそばされました。時は人皇三十代欽明《きんめい》天皇の十三年（西暦五百五十二年）壬申《みずのえさる》十月十三日のこと、これが日本の仏教伝来の日でございます。

その時欽明天皇、諸臣を召されて、

「百済国より渡さるるところの仏像、経典をば受納すべしや、いなや。」とご相談ましますと、物部大臣尾輿《もののべのだいじんおこし》をはじめ諸臣一同は、「異国より渡るところの仏像、あえて拝し給う必要なし。日本は神の国なり。」

と申されました。すると、蘇我大臣稲目《そがのだいじんいなめ》はこれをさえぎり、

「仏と神とは水と波の如き間柄にして、はるばる百済国の聖明王より献上されし尊い御仏なるがゆえ、受納し厚く尊敬されるべし。」

と申されるので、欽明天皇はこの如来様を蘇我稲目に託されました。稲目は、自分の向原《むくはら》の家を清めて如来様をご安置あそばされました。『日本書紀』には、この向原寺《こうげんじ》が日本の最初のお寺だと書かれております。その後日本国中に厄病が流行し、如来様のことをよろしく思っていない物部尾輿はこれを勿怪の幸いと

「今の御世に厄病流行し国中の民の苦しむこと、仏法を弘むるゆえなり。日本の神々怒りてかかる災いをもたらし給うならん。早く寺を焼き仏像をくだきて、仏法の根を断ち葉を枯らすべし。」

と向原寺を焼き払い、如来様を難波の堀江に沈めてしまいました。如来様は、

「ようやく日本に来たりといえども、この国の衆生いまだ済度の機縁熟せず。」

と、波間に沈んでいかれました。間もなく欽明天皇は崩御され、物部尾輿も絶命して無間地獄へ堕ちたと申します。

かくて、欽明天皇崩御の後、敏達《びだつ》天皇の御世に物部尾輿の子守屋《もりや》は、これまた父と同じく仏法を嫌い、難波の堀江からあらためてお迎えした如来様を、再び難波の堀江に投げ入れてしまいました。その後、仏教を厚く信仰する蘇我稲目の子馬子《うまこ》及び聖徳太子との戦いに敗れ、

18 如来、光明を放つ

19 勅使、如来を奉迎

21 馬子、仏法再興

22 聖徳太子、御父天皇を祷す

23 迹見、守屋を射る

24 川勝、守屋を討つ

滅ぼされたのでございます。

（節）戦い鎮まりて後、聖徳太子御自から難波の堀江におでましになり、香を焚き花を供えて水底に沈め奉りし一光三尊の如来様を礼して、

「今は仏法弘通《ぐづう》の時至れり。願わくは大悲の誓願むなしからず、はやく都に帰らせたまえ。」

と御祈念すれば、如来様は、たちまち水面に浮かばせられあそばさる。如来様、太子に仰せらる。「よいか汝、衆生済度の心をもって我を迎えにきたるといえども、我はこの水底にありて待つべき者有り。」

とて、再び水中に沈ませあそばさる。

（詞）聖徳太子は、如来様のお言葉に、仕方なく誦経念仏《ずきょうねんぶつ》してお帰りあそばされました。さて、その後のことでございます。阿弥陀如来様は、本田善光《よしみつ》のふるさと信州の地にお移りになります。これが、善光寺建立物語の初めであります。

（節）ここに信濃国伊那郡麻績《しなののくにいなのこおりおみ》の里に、本多善光という者あり。妻を弥生《やよい》と言い、またその子に善佐《よしすけ》あり。家貧しき人なれども、天性正直にて賢人なり。ゆえに、国司が参勤の際お供として都へ上り、その勤めつつがなく終え、帰国の折難波の堀江を通りかかれば、水中より光明赫奕《かくやく》として如来様御姿を現し、

「善光、善光よ、驚くなかれ。我、汝に宿縁あり。この場にて待つこと久し。汝、昔天竺にありては月蓋長者と称し、我が出現にかかわりし。その後、百済にては聖明王として生まれ、今は日本国に生まれ来たりて、我と共に衆生済度の因縁あり。ゆえに、我汝に従いて信濃へ

25 聖徳太子、如来を迎えんとす

26 28 如来、善光の背に乗る

27 諸人、太子を父母の如く慕う

29 善光、如来と信濃へ

30 勅許、善光に与える

参るべし。」

善光これを聞きて、宿善たちどころに開け、信心たちまち起こりて、歓喜の涙に咽びけり。

(詞) 阿弥陀如来様との不思議な仏縁に目覚めました本多善光は、大変感激して、昼は如来様を背中に背負い、夜は如来様に背負われて、信濃の国へ着きました。我が家へ戻った善光は、如来様を臼の上に御安置して、朝な夕なに心をこめてお参りしておりました。

(節) その翌年のこと、善光の子善佐がさせる病いもなくしてにわかに眠るが如くに息絶え終わりける。善光夫婦歎きのあまり、如来様の御前に出でて悲しき事許えますれば、如来様、たちまちあの世へお下りあそばして、閻魔大王に命じて、

「善佐の罪を許し、今ひとたび娑婆に戻されよ。」

とのご勅命。

(詞) かくて善佐は、この世へ帰る途中で、鬼に追い立てられあの世に下っていく一人の女人に出会いました。この女人こそ皇極《こうぎょく》天皇であられました。善佐は驚いて、自分の命と引き換えに皇極天皇を生き返らせて下さるよう、如来様にお願い致します。

如来様は、善佐をお褒めになり、皇極天皇と善佐の二人とも生き返らせて下さいました。この世に戻られた皇極天皇は、早速信濃国に勅使を遣わして、善光親子をお召しになります。二人は皇極天皇に、如来様をお祀りする立派なお堂を信濃の地に建てていただきたい、とお願い致します。

やがて、皇極天皇のお力によって、信濃の国に一光三尊の阿弥陀如来様をお祀りする立派

31 善光、如来を臼に安置

32 善佐急死、父母嘆く

33 如来、善佐を娑婆に帰す

34 善佐、皇極天皇に会う

35 善光寺如来尊容

36 善光寺境内

なお寺が建てられ、本多善光の名前から『善光』の二文字をとって〝よしみつでら〟、即ち、善光寺と名付けられたのでした。これが信州善光寺のはじまりでございます。

善業を施すならば、阿弥陀様に導かれ極楽浄土へ参る事ができ、悪業の限りを尽くせば、閻魔大王のおわします地獄へ落ちて参ります。

これにて三国伝来の善光寺如来様の御絵解き、終わらせていただきます。

（お十念）

南無阿弥陀仏　南無阿弥陀仏

南無阿弥陀仏　南無阿弥陀仏　南無阿弥陀仏

南無阿弥陀仏　南無阿弥陀仏　南無阿弥陀仏

南無阿弥陀仏　南無阿弥陀仏

37 如来、済度

38 布引観音、老婆済度

39 地獄図

林　麻子◆はやし　あさこ

一本の茎から二つの花が咲く奇瑞を縁として開創され、開基旭住上人が始めた「善光寺如来絵伝」の絵解きを、平成 15 年、四善光寺同時御開帳を機に林和伸副住職とともに復活。録音テープで残った二世旭山上人の絵解きなどを参考に説教風の語りを取り入れ好評を博す。信州善光寺本堂再建三百年の善光寺サミット記念口演を始め、大学や博物館、各教区などに招かれ口演を重ねている。双蓮山 祖父江善光寺東海別院 〒495-0001 愛知県稲沢市祖父江町祖父江南川原 57-2　電話 0587-97-0043 ホームページ http://www.zenkoji.com

縁起堂 淵之坊

「善光寺如来絵伝」

若麻績 侑孝

善光寺の御本尊　一光三尊阿弥陀如来さまがインドでお生まれになり、百済国《くだらのくに》を経て日本へ伝わり、善光寺が建立されるまでの歴史をあらわした物語を「善光寺縁起」と申します。

淵之坊では歴代住職が絵伝を用いて絵解きをしながら、善光寺の歴史を説明する役にあたってきました。そのため淵之坊は「縁起堂」の別名を頂いております。「善光寺縁起絵伝」には数多くの種類がございます。今回お絵解きさせていただきますのは、淵之坊が所蔵する掛幅の内の一つで、室町時代に作られたといわれている絵伝で、三幅のものです。

絵の大きさは、一幅が一畳ほどの大幅で、中央の幅には、如来さまの誕生とインド、百済などでの救済活動が、右の幅には、如来さまが日本に渡来し善光と出会うまで、左の幅は、信濃国芋井郡、善光の自宅が善光寺になるまでの物語が描かれています。

それらの内容は仏教絵画や絵解きなどの研究者によって詳細に撮影、研究調査され、昨年末に一冊の本にまとめられ出版することが出来ました。その成果もあってでしょうか、長野県教育委員会が、この絵伝は「文化的、絵画史的な価値がある」ものだとして、県文化財保

護審議会に、県宝とするよう諮問してくれたと聞いております。
そこで今回は、与えられた二十数分の時間の中で、他の『縁起』では見られない淵之坊所蔵の『善光寺縁起』に描かれた特徴的な場面や伝承などに絞ってお絵解きさせていただこうと思っております。

まず、この室町本三幅の内、中央の第一幅ですが、これは今までに知られた縁起絵幅とは全く異なった構図で表現されています。その構図は、中央に須弥山と思われる山がでんと描かれ、その山の下部には、大龍が須弥山を七重に巻き、鎌首をあげています。

この須弥山の右側に、説法する釈尊、そして弟子たち、そして月蓋長者らが如是姫の病気平癒を願ったりしている様子が描かれます。そして、同じ場面に、極楽から飛来された阿弥陀三尊のお姿をこの世に残していただきたいと願う月蓋、目連尊者が龍宮城から分けてもらった閻浮檀金を鋳型に流しこんでいる姿が描かれています。この尊像が後に善光寺如来となる阿弥陀三尊です。

須弥山の左側は、鷲の姿をした岩山（霊鷲山と思われる）に一人の女性がおり、そこから着色された道が降りていて、道の上には僧の姿があり、釈尊と思われる人物が降りてくる姿が描かれています。そのもう一方の側からは、釈尊に向かうもう一人の人物の姿があります。この場面に立っている女性は、釈尊の母「摩耶夫人」です。釈尊は成道し、大悟された後、忉利天におられる摩耶夫人をお訪ねになり、報恩経を説かれています。母へ法を説くために飛行する釈尊を、大龍が邪魔立てする図もあります。母摩耶夫人への報告を終え、釈尊は金・銀・瑠璃で造られた三道宝階と呼ばれる階で忉利天から降りてまいります。

釈尊に向かうもう一人の人物は、釈尊の不在を嘆いた人々がおつくりになった釈尊の栴檀

『善光寺如来絵伝』
第二幅

善光寺淵之坊蔵

第一幅

『善光寺如来絵伝』
第三幅

第一幅（部分）

木像です。これが後に中国から日本に渡ってきた三国伝来の如来、嵯峨清涼寺釈迦如来像といわれています。それが、本軸にこの三国伝来の釈迦である生身の釈迦如来と生身の阿弥陀如来が、左右に描かれている所以なのではないかと思われます。

信州善光寺の阿弥陀如来、京都嵯峨清涼寺の釈迦如来、京都因幡薬師如来は、古くから三国伝来生身の三如来と呼ばれ信仰を集めました。なかでも善光寺と清涼寺の如来が、生身の如来として有名です。本幅では、中央の須弥山をはさんで両側に、この生身の二如来の誕生譚を描いているのが特徴で、他に類をみない非常にダイナミックな描き方となっています。

また、難波の堀江から如来さまを網でお救いする場面が描かれているのも本幅だけで、他の縁起絵幅には見られない表現となっています。

この縁起掛幅には、三国伝来、生身の阿弥陀如来さまが、どのように誕生し、どのように日本に渡り、すべての人々をお救いする善光寺の建立につながったのか、その物語がおおらかな筆致をもって描かれ、視覚を通して人々に訴えておりますので、少しでも善光寺をご理解いただくよすがになって頂ければと願っております。

さて、前置きが長くなりました。ここからは縁起の台本に沿って、特徴的な場面をピックアップしながら、お話しを進めさせていただこうと思います。

こちらの「善光寺一光三尊如来」のお軸をご覧ください。こちらにいらっしゃるのが善光寺如来さまでございます。

真ん中にお立ちになっているのが阿弥陀如来さま、身の丈は一尺五寸でございます。左右に観世音菩薩さま、大勢至菩薩さま、それぞれ一尺ずつでございます。このように舟形をしたひとつの光背の中に、阿弥陀如来が観世音、大勢至の両菩薩を脇侍《わきじ》として従えたお姿でい

らっしゃるのを、特に一光三尊善光寺如来とお呼び申し上げます。

善光寺如来さまがこの世にお姿をお見せになったのは、その昔、お釈迦さまが天竺の毘舎離国《びしゃりこく》・大林精舎にいらっしゃった頃のことでございます。

中央の第一幅、右手上段に、蓮華座にお座りになったお釈迦さまの姿が描かれております。東天竺の毘舎離国菴羅樹園《あんらじゅおん》大林精舎で説法なさっているところです。善光寺如来がこの世に出現なさるのは、それから間もなくのこと、釈迦如来六十七歳のときのことと伝えられています。

画面中央には須弥山《しゅみせん》が聳《そび》えております。その左側に湧く雲の上に刀（抜き身）を持って立っているのは牛頭天王《ごずてんのう》、頭の被り物をよく見てください、牛の角が見えますね。牛頭天王の右側には、雲に隠れるように描かれた鬼（疫病神）が四匹、赤鬼二匹、黒（茶）が二匹です。左の雲間にも赤鬼の顔がひとつ描かれています。風雲急を告げる五色五匹の鬼。物語を暗示しているのでしょうか。須弥山を挟んで右にお釈迦さま、左に牛頭天王と疫病神が描かれ、縁起物語は最初から波乱万丈、ドラマチックな世界を予告しております。

画面上段左側、牛頭天王の下に大きな岩、岩窟があります。その頂上に鷲が描かれているところから、これが霊鷲山《りょうじゅせん》であることを示しています。釈迦如来・お釈迦さまが前世、鷲として生まれ、盲目の父鷲を養っていたが、人間に捕らえられてしまったという前世譚が語られる場面でしょうか。

その岩窟の前から地上に向けて、何色かに色分けされた橋が架かっております。橋には赤

い欄干（手すり）が付けられています。橋板（道）の色は青、橙、白にも見えますし、金、銀、瑠璃であったかもしれません。

善光寺との関係で考えれば、この絵は、二河白道《にがびゃくどう》を描いたものが考えられます。けれど、ここ（上段左側）が、お釈迦さまの様々なエピソードを語る場であるとしたら、三道宝階降下《さんどうほうかいこうげ》の図と解したほうが良いでしょう。

三道宝階降下は、「従三十三天降下」とも呼ばれ、雨安居の（三か月の）間、釈尊が天界の三十三天（忉利天）に昇って、そこに再生された亡き母のために説法をなさった後、釈尊不在を悲しむ優填《うだやな》王や弟子たちに求めに応じ、聖地サーンカーシャに帰ってくるという物語でございます。

なお、憔悴し切った優填王を見かねた臣下が王を慰めるため梅檀《せんだん》で釈迦像をお作りしました。この仏さまが日本に伝わり、「三国伝来の釈迦如来さま」「生身釈迦如来さま」と呼ばれる清涼寺（通称・嵯峨釈迦堂）のご本尊となったわけです。ですからこの物語は「仏像の起源説話」ともなっております。

ここからは、先の祖父江善光寺のお絵解きですでにご案内していただきましたように、東天竺・毘舎離国の物語が展開されます。

月蓋長者の慳貪邪険《けんどんじゃけん》の心が毘舎離国に招いた、疫病神たちと五種の業病。愛娘七歳の如是姫の死に至る病。お釈迦さまへの病気快復嘆願と一光三尊阿弥陀如来さまの来臨。み仏のお光による疫病退散、如是姫の復活といった超スペクタクルなお話しでございます。

月蓋長者は三尊の御慈悲に感謝し、お釈迦さまに
「このご恩に報いるため、一光三尊阿弥陀如来さまのお姿をお写しし、御本尊としてこの地にお留めしたい」
とお願い。龍宮城の黄金・閻浮檀金《えんぶだごん》によって、本仏の御姿に少しも違わぬ仏さま・善光寺如来さまがお生まれになったのです。

月蓋長者は七代五百年、長者が百済国聖明王《せいめいおう》に生まれ代わってからも千二百年にわたって如来さまを供養。そののち日本への渡航をお望みになり、日本にやってまいりました。善光寺如来さまが、天竺から百済を経て日本にお渡りになったのは、欽明天皇十三年十月十三日のことでございます。

天皇から如来さまを託された蘇我氏は
「五濁悪世《ごじょくあくせ》の衆生は、仏法王法なくしては救われません」
とお寺を造りこれを祀りました。その一方、排仏派の物部氏《もののべし》は、国中に疫病が流行したのに乗じて
「他国のあやしげな神（仏）を奉じたため、わが国の神々が怒り祟って病が起こった」
といってお寺に火をつけ、み仏を焼き、叩いて壊そうとしました。けれど、傷をひとつ負わせることも焼ききることも出来なかったため、その偉大なお力に恐れ怯え、如来さまを難波の堀江に投げ捨ててしまいました。次いで敏達天皇の御代。帝が病に倒れ、
「尊い如来さまを難波の堀江に投げ捨てたままにしている祟り」
とのご託宣により、勅使を 難波の堀江に派遣。如来さまをすくいあげるため漁師に大網を

おろさせました。そのとき、如来さまは、龍王の王宮にいらっしゃいましたが、自分を探していることを知り、自ら網の中へ飛び入っていきました。

この網を持って仏様をおすくい申し上げる場面も、他の縁起ではあまり見かけません。

帝は如来さまを宮殿にお迎えし供養したところ、ご病気もたちまち回復いたしました。しかし、その後も物部氏の横暴な振る舞いは止みませんので、若きプリンス十六歳の聖徳太子が物部氏と戦うことになります。最初は多勢に無勢、太子軍は敗北し、太子は退却の途中、椋木《むくのき》のうろに逃れ、その中で四天王像を彫って祈り、仏さまの加護を得て次の戦いで見事物部氏を打ち破ります。四天王寺は聖徳太子が仏さまに感謝して立てられたお寺です。

以後、如来さまをめぐる不思議の顛末は、インドの月蓋長者、百済国聖明王の生まれ代わり、信濃国伊那郡麻績の郷本田善光《よしみつ》の登場。

本尊自らの託宣による信濃行。

善光の嫡子善佐《よしすけ》の頓死と如来さまによる地獄からの救済。

善佐による皇極女帝救済譚など、数々の奇跡や神秘に彩られた壮大なスケールの物語が展開されます。この縁起に登場する皇極女帝は、腰のもの一枚をまとっただけの姿で描かれているのも大変珍しいものだといえます。

また、閻魔宮に向かう女帝を死出の山から見つめる黒い鳥「跋目鳥」が描かれているのも他の縁起にはあまり見られない絵です。

さて、地獄から生きかえった皇極女帝は大変お喜びになり、善光を甲斐の国司に、善佐を信濃国の国司に任じ、勅願によって如来さまのお堂を創建しました。善光のお宅がお寺になっ

たことから、このお寺は善光寺と呼ばれるようになりました。善光寺如来さまは、人々を極楽へとお導きになる仏さまとして畏れ崇められ、如来さまを拝し、そのご利益にあずかるため、人々は、一生に一度は善光寺参りを、との思いを募らせていったのでございます。

今回わたしに与えられた限られた時間の中で語れるのは、残念ながらどうやらここまでのようです。そこで最後に、絵軸第三幅、如来絵伝が作られた室町当時、またはそれ以前の善光寺門前や堂内の様子を紹介して、このお絵解きの納めとさせていただきます。

下段中央、五重塔の右上にあるお堂をご覧ください。お堂の奥に御簾が掛かり、左右に柵囲いがなされ、お堂入口に狛犬（獅子）のようなものが置かれています。おそらく明治政府による「神仏分離令」が出されるまで、本堂裏（現在の歴代上人廟所）にあった「年神堂」ではないでしょうか。なお、年神堂の祭神は、善光寺に程近い城山（健御名方富命彦神別神社）にお遷りになり、年神堂本殿は長野市内高田にある守田廼神社の神殿として移築されました。明治十二年（一八七九）一月のことでございます。

その右側、仏像または仏具らしきものが三体置かれた粗末な机に向かって、三人の僧侶と三人の俗人、うち一人は女性のようですが、が座っています。俗人の真ん中の人物は、手に杓のようなものを持っているようにも見えます。もしかしたら、この三人は善光の一家（弥生・善光・善佐）なのかもしれません。

本堂（と思しき）建物には、柱の内（畳の間）に、三人の僧侶と身分高き俗人が一人座し

ています。板でめぐらされた回廊（廊下）には俗人が四名、左側の柱にもたれ外を見ている僧が一人描かれています。俗人中、中の二人はかぶりものを被った女性でしょうか。境内には他に尼さん、供を連れた市女笠の女性や二人連れの女性が描かれています。この時代すでに、女性救済の寺として広く信仰されていたことがわかります。

境内でもうひとつ気になるのは、小者が指差すほうを眺めている僧侶の図です。頭の形が頭頂が平らで中央にくぼみのある、俗に法然頭とよばれる形に似ております。善光寺には浄土宗をお開きになった法然上人参詣伝承と、その際にお泊りになったという法然堂（正信坊）が残り、法然小路（境内入口から仁王門に至る参道の東側に平行して走る南北の小路）と名づけられた小道も現存しております。それを伝えていきたい思いが込められた図かもしれません。その一方、この僧侶の左右に二人の尼さんが描かれているところを重視していくと、この僧が、「決定往生／六十万人」の念仏札を配る一遍上人で、尼は超一、超二ではないかと推測することも出来ます。

山門（楼門）の前に群集する人々にも目を向けて見ましょう。

楼門の前で寺役人（？）の下、その手下三人が施し米の炊き出しをしている風景が描かれています。その炊き出しを待っていたかのように、粗末な輿やいざり車に乗った足萎えの人、杖をついた盲人、蓑を背負った非人、流浪の琵琶法師、そして汚いなりをした浮浪児たちが、いっせいに駆け寄ってきます。女の子や赤ん坊を背負った老女の姿もあります。

善光寺には、阿弥陀さまに祈ってわが子の目が見えるようになった。萎えた足が治って歩けるようになったという感謝の奉納絵馬がいくつも残っています。また、歩けるようになっ

たので、いざり車を納めて帰ったという話も伝わっています。かつて不治の病といわれたハンセン氏病（癩病）の患者さんたちも、阿弥陀さまのお力にすがろうと善光寺にやってきました。

楼門の上に、宿坊らしき部屋を持った建物が三つ描かれています。それぞれの部屋には、その宿の主、あるいは関係者と思われる僧が必ず一人づつ居て、滞在する信者の悩み事や相談ごとを聞いているように見えます。おそらく、ひとつの部屋に、それぞれひとつづつ別々の物語があったのでしょう。

三幅目には、このように当時の善光寺界隈の様子が詳細に描かれ、人々が何を求めてこの寺に詣でてきたのかを知ることができます。

ご清聴ありがとうございました。

南無阿弥陀仏
南無阿弥陀仏

若麻績 侑孝◆わかおみ ゆうこう

善光寺寺務総長や宗派の要職を長年務め、昨年末住職を退き、名誉住職に。同年、淵之坊蔵「善光寺如来絵伝（室町期）」を研究調査、出版。本年7月、同絵伝を県宝にとの諮問もあり、各界から乞われての講演や絵解き口演の依頼も多い。なお、善光寺淵之坊は、歴代住職が絵解きによる善光寺の縁起や歴史を説明する役目を担ってきており別名「縁起堂」とも呼ばれていた。 善光寺淵之坊 〒380-0851 長野市元善町462 TEL:026-232-3669 ホームページ http://www.fuchinobo.or.jp/

解説

『善光寺如来絵伝』絵解き

三国伝来一光三尊像の由来を語る

吉原 浩人

長野市元善町の定額山善光寺には、以下のような縁起が伝えられている。

釈尊在世時、東天竺毘舎離国の月蓋《がっかい》長者は、慳貪邪見により仏の教えを信じなかったが、一人娘の如是《にょぜ》姫の病気によって、釈尊に救いを求める。釈尊は西方極楽浄土の阿弥陀如来を念ずることを勧め、月蓋長者夫妻が十念を称えると、月蓋宅の門上に阿弥陀三尊が出現し、大光明により国中の悪鬼邪神を撃退する。月蓋はその姿をこの世に留めたいと願ったため、目連尊者が龍宮から秘宝閻浮檀金を取得し、釈迦・弥陀二尊の光明によって一光三尊阿弥陀如来像を造立した。その後、この霊像は天竺から朝鮮半島の百済に飛来して衆生を済度した後、聖明王の時代に日本最初の仏像として贈られた。難波の浦に到着した異国の仏に対し朝議は二分し、蘇我氏と物部氏の対立が深まり、ついには合戦に発展する。蘇我馬子と聖徳太子は物部守屋を討ち取り、太子は難波の堀江に投げ捨て

『善光寺如来絵伝』（４軸のうちの第３軸）
祖父江善光寺蔵

祖父江善光寺では寺外での絵解きに考慮して、伝承されている4軸構成の軸に加え絵解き台本と対応する新たな2幅組を作成。今回の絵解きフェスティバル口演には新構成の2幅が使用された。

平成15年、四善光寺同時御開帳にあわせ、林雅彦氏の監修のもと、林和伸・麻子御夫妻の手によって新たに台本が作成され、旭山上人の伝統的な口調を残した『善光寺如来絵伝』絵解きが復活した。

山号の「双蓮山」は一本の茎から二つの花が咲く奇瑞を縁として開創されたことに由来。双蓮は寺宝として伝わる。

善光寺東海別院本堂、開基上人が建立を発願。絵解きをしながら全国を勧進行脚したという。

参拝者は極楽の荘厳に彩られた「お戒壇」をめぐり如来様とのご縁を結び、善報を得る。

られていた如来像を迎えようとする。ところが、しばらく待つべき人ありとの仏勅により帰京する。その後三十余年、信州伊那郡麻績《おみ》の本田善光《よしみつ》が国司の供で上京し、難波の堀江を通りかかると、水中より突然如来像が光を放ちながら善光の背に飛び遷り、前世よりの因縁を語った。ここに善光の宿善の心がたちまちに開け、急ぎ内裏に向かい推古天皇の勅許を得て信濃に下向し、草庵に如来像を祀った。その後、善光の長男善佐《よしすけ》が頓死して地獄に堕《お》ちるが、皇極天皇とともに霊像に済《すく》われ蘇生する。天皇は勅使を遣わし、親子を宮中に召して、それぞれ信濃・甲斐の国司に任じ、如来堂の建立を許した。これが今の善光寺で、末代相応の寺として秘仏本尊は悪世を済度し続けているのである。

『善光寺如来絵伝』は、この善光寺創建の縁起を絵画化したもので、現存最古の作例は鎌倉時代にさかのぼり、近代に至るまで多くの掛幅絵伝あるいは絵巻が、絵解きを主たる目的に作成されてきた。

かつて『善光寺如来絵伝』の絵解き話者は、岐阜県加茂郡八百津町善慧寺の故今井祐成上人をはじめ多くおられ、現在でも何名かを数えることができる。今回絵解きい

新たに県宝に指定される室町期の絵伝を使って絵解きする名誉住職の若麻績侑孝上人。同絵伝は、2013 年 12 月『縁起堂淵之坊本善光寺如来絵伝』として出版された。

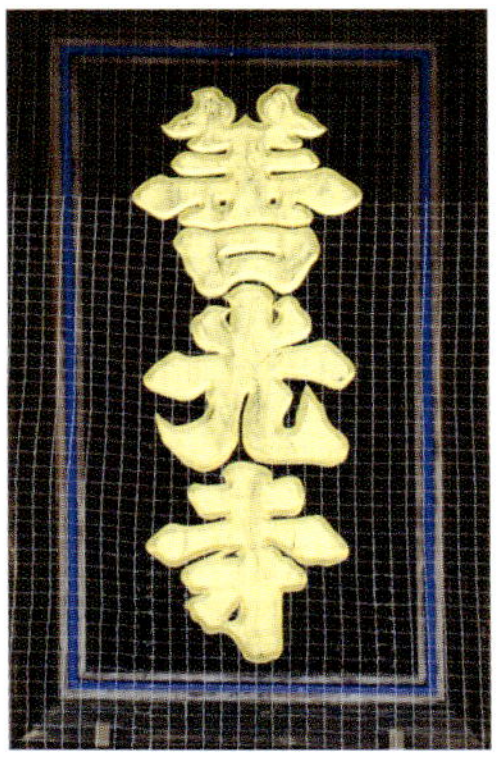

「鳩文字の額」とも呼ばれる善光寺三門の扁額。文字中に鳩が５羽隠れている。また、善の字は牛の顔にも見える。輪王寺宮公澄法親王筆。

参詣者でにぎわう善光寺仲見世通り。

淵之坊正面入口。春は玄関口のあんずの花が参詣者を迎える。淵之坊は、歴代住職が善光寺の歴史と信仰を絵解きによって説明し、別名「縁起堂」とも云われた。

ただくお二人のうち、若麻績侑孝上人は、善光寺淵之坊名誉住職である。

淵之坊は善光寺一山の宿坊であるが、縁起堂と呼ばれ、かつて絵解きを職掌としていた。淵之坊には四種の絵伝が伝えられるが、このうち室町期の絵伝と絵解きの総合研究書として、近年『縁起堂淵之坊本善光寺如来絵伝』が刊行された。若麻績侑孝上人は、御自坊はもちろん、もとめに応じて各地で絵解き説教を行っておられる。

もう一人の口演者林麻子さんは、愛知県稲沢市祖父江町の東海別院副住職林和伸師夫人である。双蓮山善光寺は、明治末年に二年続いて一本の茎から二つの蓮の花が出たという奇瑞に基づき、大正から昭和初年にかけて、長野の善光寺金堂を模した巨大な金堂建立を、林旭住上人が発願された。その勧進のため、旭住・旭山上人親子は、『善光寺如来絵伝』を携え、絵解きをしながら全国を行脚したという。旭山上人は平成四年に遷化されたが、昭和十年台に執筆した絵解き台本に基づき、昭和三十二年に吹き込んだテープが現存する。平成十五年、四善光寺同時御開帳にあわせ、これらをもとに林雅彦氏の監修のもと、林和伸・麻子御夫妻の手によって新たな台本が作成され、

本堂朝開帳の図。善光寺参詣者は、本堂内陣にお籠りし、如来様との結縁を願い念仏を唱えながら朝を迎えた。写真は明治 26年に発行された土産用の錦絵。

旭山上人の伝統的な口調を残した『善光寺如来絵伝』絵解きが復活したのである。

よしはら・ひろと◆早稲田大学文学学術院教授

参考文献
伝承文学資料集第一輯『絵解き台本集』（三弥井書店　一九八三・一）
『真宗重宝聚英』第三巻「阿弥陀仏絵像・阿弥陀仏木像・善光寺如来絵伝」（同朋舎　一九八九・二）
〔特別展図録〕『ものがたり　善光寺如来絵伝』（安城市歴史博物館　二〇〇二・一〇）
林雅彦編『「日本の絵解き」サミット　山岳霊場と絵解き』（人間文化研究機構連携研究「日本とユーラシア：交流と表象」「唱導文化の比較研究」班　二〇〇六・三）
若麻績侑孝監修『縁起堂淵之坊本善光寺如来絵伝』（淵之坊　二〇一三・一二）

ミニコラム

わたしと絵解き

絵解きをはじめたころ

◆竹澤繁子

私が寺に嫁いだのは二十歳のときです。苅萱道心・石童丸ゆかりの由緒ある寺、そんなことも知らないまま嫁ぎました。訪れる参拝客も少なく、苅萱上人と石童丸の物語絵（一幅）が本堂の一隅に掛かってはいたものの、絵解きは、先々代の住職の時代までで途絶え、嫁いできた時は、もう誰もやっていませんでした。それでも、参拝者に問われるままに「絵伝」の前に立ち、先代住職や祖母から聞いた耳学問の「石童丸の物語」を、ポツリポツリと説明するようになったのが、昭和四十年代末でした。

そんなある日、西尾光一先生や林雅彦先生ら絵解き研究会の先生方に拙い語りをご披露することとなり、それが、後で活字となり、大変恥ずかしい思いをしました。これがわたしの絵解きの始まりです。絵解きという仏教芸能があるということも、この時初めて知りました。

その後、林先生始めみなさんに様々なご指導をいただき、わたしも、人に聞かれて恥ずかしくない語りが出来るようにと、夢中になって勉強しました。その後、既存の一幅とは別に江戸時代中期の「絵伝」が発見され、二幅の絵を連続した一つの物語とした絵解き台本で絵解きするようになりました。昭和六十一年五月には、東京上野の松坂屋で、初めて寺の外で「出開帳」絵解きを、同年三月には、関山和夫先生のお招きで京都の仏教大学四条センターで絵解きをさせていただきました。それを皮切りに、寺外での数多くの口演にお呼びいただき勉強をさせていただくことになりました。

現在、副住職の家内竹澤環江が、わたしの跡を引き継ぐ形で絵解きを行っています。多くの方々のお導きと、檀信徒、家族の協力を得て、この寺に絵解きという大輪の花が咲き、今は感謝の気持ちでいっぱいです。残された僅かな人生、わたしの気力、体力が続く限り、わたしの絵解きを求めて訪れてくださる方々がいる間は、頑張って、次世代の環江と二人三脚で絵解きを続けていきたいと願っております。西光寺の絵解き復活、長野の絵解きの興隆に携わって下さった多くの方々に心から御礼を申し上げたいと思います。

たけざわ・しげこ◆刈萱山寂照院西光寺

ミニコラム

わたしと絵解き

「善光寺如来縁起」室町本について

◆若麻績侑孝

当坊では現在善光寺如来縁起の掛幅を四種お護りしております。その内最も古いものは、室町時代の作といわれる三幅掛幅で、次に江戸中期以降のものが四幅ものと三幅ものニ種、そして明治初期の四幅ものであります。

江戸期以降の縁起本は物語が分かり易く描かれていますが、室町本は他の縁起に描かれていない物語が入っており、非常に珍しいものです。そんなことで、五年ほど前から林雅彦先生、鷹巣純先生、村松加奈子先生、倉田治夫先生、宮坂勝彦先生にお寄りいただいて研究をすすめてまいりました。鷹巣純先生は、赤外線写真を使って図像を克明に検討し、掛幅絵の中の牛頭天王の存在を明らかにして下さいました。

これらを昨年十二月にやっと一冊の本にまとめることができ、大変歓んでおります。

さて、室町本の特徴は、第一幅の中央上部に須弥山を置き、この左右、まず右側に善光寺如来の誕生譚が描かれ、左側に牛頭天王と邪鬼たち、そして後に京都嵯峨清凉寺本尊となる生身の釈迦如来の誕生譚が描かれていることです。

須弥山に巻きつく龍の図は、釈迦如来が、一夏九旬の間、母の摩耶夫人へ報恩経を解きに行く往来を妨げようとする場面と、目連尊者が釈迦の遣いで龍宮城へ閻浮檀金をもらいに行き、龍王と交渉する話の場面でも使われたようです。

ここで注目されるのは、恐ろしい疫病を退散させる牛頭天王の利益を引き、如是姫たちの疫病を救ってくださる一光三尊阿弥陀如来の威神力の大きさを表現していること。

もう一つは、生身如来として絶大な信仰を得た善光寺如来、清凉寺の釈迦如来の二仏を一場面に表して、その尊さを口説していることです。

現世の疫病や苦しみを救い、極楽往生の門となった善光寺如来のご利益がダイナミックに描かれ、善男善女の涙を誘い、信仰へと導いたものと思われます。

わかおみ・ゆうこう◆善光寺縁起堂淵之坊

第３回絵解きフェスティバル in 善光寺大本願実行委員

林　雅彦（代表）

青木和恵　岡澤慶澄　金山秋男　上島敏昭　倉田治夫　小林一郎　竹澤俊雄
堂本治男　中西満義　林　和伸　久野俊彦　日野秀静　平久江剛志　水野善朝
光本　稔　宮坂勝彦　吉原浩人　若麻績敏隆　若麻績侑孝　（50 音順）

第３回　絵解きフェスティバル in 善光寺大本願
絵解き台本集（新装版 DVD２枚付）

2015 年 4 月 20 日　新装版初版第 1 刷発行
編者　林　雅彦

後援　第３回絵解きフェスティバル in 善光寺大本願 実行委員会
編集デザイン：中西満義、宮坂勝彦、青木和恵

発行者　光本　稔
発　行　株式会社　方丈堂出版
〒601-1422　京都市伏見区日野不動講町 38-25
電話　075-572-7508　FAX　075-571-4373
発　売　株式会社　オクターブ
〒606-8156　京都市左京区一乗寺松原町 31-2
電話　075-708-7168　FAX　075-571-4373
印刷・製本　亜細亜印刷株式会社

ISBN 978-4-89231-126-0